KB080154

나는 이렇게 금융권 취업했다

나는
이렇게
금융권
취업했다

하창완 지음

디지틀조선
채의석
편집국장
추천도서

면접관
마음을
사로잡는
비법

반드시
합격하는
자기소개서
작성법

특별부록
은행
모니터링
작성 방법

iSTORY

| 프롤로그 |

취업은 어쩌면 삶에서 가장 중요한 결정일지도 모릅니다. 어디에 어떻게 취업하느냐에 따라 삶의 많은 부분이 결정됩니다.

현대 자본주의 시대에 금융권에 취업한다는 것은 현존하는 회사들 가운데, 가장 좋은 복지와 높은 연봉을 받을 가능성이 높다는 이야기입니다.

이 책은 전반적인 금융권 취업에 대한 로드맵을 설정해줄 뿐 아니라 자기소개서 작성법, 면접에 대한 구체적인 솔루션 등을 제공합니다.

스펙이 좋은 구직자라고 해서 무조건 금융권에 합격하고, 일을 잘하는 것은 아닙니다. 일반적으로 '스펙이 좋으면 일을 더 잘하지 않을까?'라는 생각을 하고 채용을 하는 것이죠.

우리는 자신이 갖고 있는 경험을 활용하여 '일을 잘 할 수 있지 않을까?'라는 생각을 채용 담당자가 하게 만들면 되는 것입니다.

취업 커뮤니티를 보면 '스펙이 이 정도인데도 불합격했어요'라는 이야기가 자주 등장합니다. 취업난에 대한 기사들도 많고 실제로 원하는 회사에 취업한 친구들이 많지 않아서 불안하기도 할 것입니다. 다수의 회사에 지원했으나 몇 번씩 실패를 경험한 사람이라면 '앞으로 어떻게 해야 하지?'라는 고민도 하고 있을 것입니다.

중요한 것은 명확한 목표를 세우고 그것에 도달할 수 있는 방법들을 알고 실행해내면 그것을 이뤄낼 수 있다는 점입니다. 자기소개서를 작성하는 데 어려움이 있거나 면접에서 항상 긴장해서 말을 잘 못하는 사람들을 위해 제가 가진 취업 비법을 소개합니다. 물론 제가 소개하는 노하우도 취업을 100% 보장하지는 않습니다. 다만 150곳 이상의 합격 노하우와 면접관으로서의 삶, 대표의 경험, 약 8년간의 취업 강사로서의 경험을 통해 얻은 점, 그리고 느낀 점을 집대성했습니다. 이 각각의 노하우는 치열한 경쟁의 현장에 있는 청년들의 취업에 도움이 될 것이라 확신합니다.

이 책이 금융권 취업의 길잡이가 되길 바라며, 자신의 꿈과 미래를 위해 나아가는 이 시대의 청년들을 응원합니다.

| 추천사 |

[PD]

자신의 강점을 확실히 알고 지원한 사람과 아닌 사람과의 차이는 수많은 면접을 진행하며 경험했다. 자신이 정말 하고 싶은 방향성을 잡고 자신의 '강점'을 강조할 수 있는 내용들로 구성되어 있는 이 책은 취업 준비생의 시행착오를 줄일 수 있을 것이다.

디지틀조선TV 채의석 편집국장

사례를 중심으로 구성되어 있어 취업 준비생들도 책의 내용을 빠르게 활용할 수 있을 것 같다. 또한 단순히 합격만을 위한 내용이 아니라 삶의 틀을 잡아주는 '멘토'를 만난 듯한 느낌이다. 이 책을 활용하여 많은 취업 준비생들이 건강한 미래를 설계하면 좋겠다.

디지틀조선TV 박한결 PD

나는 금융권에 지원하는 사람은 아니었지만 지인을 통해 이 책을 접하게 되었다. 처음에는 나랑 연관이 없는 책이라고 생각했지만 이 책의 3장, 4장의 내용을 보고 생각이 바뀌었다.

나는 그것을 참고하여 자소서 작성과 면접시 요령에 대해 많은 도움을 받았다.

이 책을 읽고 취업난에 시달리는 젊은 취준생들이 취업에 성공했으면 좋겠다.

파노라마비전 김영웅 PD

　수요가 많으면 가격이 올라가고, 반대로 공급이 많으면 가격이 떨어진다. 공급이 적어도 가격은 올라갈 수 있으며 수요가 적으면 가격이 떨어지다 못해 결국 이 세상에서 사라지기도 한다. 나의 강점과 약점, 기회와 위험요인을 명쾌하게 분석할 수 있다면 어디서든 살아남을 수 있다. 가치 있는 것을 선별해서 소비하고, 나의 가치를 높이는 투자를 한다. 인생의 매 순간 마주하는 갖가지 선택의 갈림길에서 기회비용을 잘 따질 줄 안다면 우리는 후회가 적은 선택과 판단을 할 수 있다. 최소 비용에 최대 효과를 내는 방법을 찾을 줄 알아야 한다. 세상을 살아나가는 방법은 결국 경제 원칙으로 풀어보면 쉬워진다. 어려운 건 '실천' 아닐까?

　세상의 돈의 흐름이 트렌드가 되고 메가 트렌드와 모멘텀을 볼 줄 아는 눈이 생기면 돈에 얽매이지 않고 경제적 자유를 얻을 수 있다. 그렇지 않다면 우리는 중요한 순간마다 돈에 얽매일 수밖에 없다. 금융산업의 가장 큰 매력은 인류의 역사와 전 세계의 정세, 사소한 우리의 일상 모든 걸 반영하면서 움직인다는 것이다. 경제의 원리는 결국 인생의 원칙이자 세상이 돌아가는 법칙이 아닐까?

　고령화 시대, 금융의 힘을 알고 활용하는 재테크 행위는 필수불가결한 조건이 되어간다. 돈의 흐름을 이끌고 나갈 주인공이 되고 싶다면, 이 책으로 금융권 취업의 문을 가볍게 뛰어 넘어보길 바란다. 매일 희로애락이 반복되는 주식시장을 바라보는 눈과 입이 되어 12년 넘게 살고 있는 경제앵커로부터.

이데일리TV 권미란 아나운서

자기소개서 작성부터 최종 면접까지, 취업 성공을 향한 매 관문은 몇 번을 거쳐도 힘들고 어렵습니다. 많은 이들이 선망하는 금융권이라면 더욱 그렇습니다. 자기소개서 작성을 위해 컴퓨터 앞에 앉아 깜박이는 커서를 멍하니 바라봤던 경험이 있는 분이라면, 면접에서 내가 예상 못했던 질문이 나와 머릿속이 하얘진 경험이 있는 분이라면 누구나 이 책을 읽고 명확하고 차분하게 답을 찾아가실 수 있을 겁니다.

이데일리TV 김도원 아나운서

고액연봉! 꿈의 직장, 금융권!

금융권 취업의 문을 여는 데 필요한 것은 스펙이 전부가 아니다. 스펙만 쌓다가 소중한 시간과 돈만 낭비했다면, 이 책에서 금융권 취업의 꿀팁을 찾아보자. 경험을 바탕으로 금융권 취업의 문을 열 핵심 내용만 담겨있다.

디지틀조선TV 홍민희 아나운서

이 책은 다소 어려워보일 수 있는 금융권 관련 직업에 대한 지식을 좀 더 편하고 친근감있게 접근할 수 있도록 해주는 것 같다. 여기에 저자의 학습방법과 경험이 녹아내려 그야말로 합격지침서가 될 수 있을 것으로 생각한다.

디지틀조선TV 백규리 아나운서

고등학교 시절 내게 가장 큰 짐은 '원하는 대학에 갈 수 있을까?'였다. 그리고 그 이후 대학시절 나를 계속 괴롭혔던 질문은 '어떻게 취업하지?'

였다. 실제로 많은 취준생들이 제대로 된 대비를 하지 못한 채 취업 전선에 뛰어든다. 우선 부딪혀보자는 패기인데, 준비가 되지 않은 상태에서는 절대 '합격' 두 글자를 받을 수 없다. 그리고 계속된 불합격은 젊은이들의 패기마저 없애트린다. 그래서 나는 제안하고 싶다. 패기와 준비가 같이 마련되어 있을 때 취업문을 두드려보자고. 이 책을 골랐다면 독자에게는 이미 패기와 열정이 있다는 것일테니, 이제는 준비만 하면 된다. 실제로 어떤 시험 단계가 있는지, 그 단계에서 나는 어떤 것을 증명하고 보여줘야 하는지. 먼저 겪어보고 통과해본 하창완 대표의 경험이 여러분의 준비를 도와줄 것이다.

매일경제TV 김정연 아나운서

[교수]

하창완 대표는 대학을 졸업하고 자신의 전공과 전혀 관련이 없는 분야에 종사하였지만, 치밀한 준비과정과 풍부한 경험으로 금융권 취업지원자들이 국내 유수의 금융기관에 성공적인 취업을 할 수 있도록 도움을 주는 인물이다. 하 대표의 이번 저서는 금융권 취업을 위하여 준비해야할 요건들과 준비사항을 핵심적으로 정리하였다고 생각한다. 무조건 열심히 준비하고 많은 지식을 쌓았다고 취업에 성공하는 것은 아니다. 하대표의 본 저서는 금융권 취업을 목표로하는 젊은이들에게 큰 도움을 줄 수 있을 것이다.

중앙대학교 김정식 교수

[대표]

현 시대의 젊은이들이 제일 고민하는 명제인 '취업' 특히 '금융권 취업'을 다룬 이 책은 취업이라는 실전에서 큰 도움을 받을 수 있는 책이라는 확신이 든다.

2장에서 소개하고 있는 특화된 스펙을 자소서에 녹여내는 접근법이 꽤 실용적이고 현실적이다. 그리고 면접에서의 대처방법을 효과적으로 제시한 점 역시 취준생을 위한 실제적인 지침서로서 훌륭한 역할을 할 것이라 생각한다.

허브틱 김용현 대표

3장

반드시 합격하는 비밀의 자기소개서 작성법

4장

면접관을 사로잡는 면접 시크릿

부록

은행 모니터링 작성 방법

금융권에
합격하는 사람은
어떤 사람?

금융권에
합격하는 사람은
어떤 사람일까?

적어도 지원하는 기업과 해당 직무를

분석하는 사람이 금융권에서 합격한다.

지금 바로 머릿속에 금융권에 다니는 사람을 생각해보자. 어떤 사람이 머릿속에 그려지는가? 일반적으로 정장이 잘 어울리고 스마트한 인상이 연상될 것이다. 혹은 고급 외제차에 비싼 호텔에서 식사를 하는 모습이 떠오를 수 있다. 이처럼 '금융권' 하면 스마트하고 경제적 여유가 있는 계층으로 느껴진다. 물론 금융권이 연봉이 높기는 하다.

취업 준비생이거나 사회 초년생일 때는 그들을 단순히 고연봉자라는 이유로 부러워할 수 있다.

또 다른 대표적인 전문직을 한번 생각해보자. 의사나 변호사 역시 수많은 시간 공부와 전쟁을 치르지 않으면 얻을 수 없는 자리이다. 의사의 경우 학부 시절부터 약 10년 이상의 시간을 인턴, 레지던트 등을 밟아야 '전문의'가 될 수 있기 때문이다. 시간을 투자하지 않는다면 '전문성'을 얻을 수 없는 것이 현실이다.

그렇다면 금융권에서 성공하는 사람들은 어떤 사람일까? 일반적으로 금융권에 있는 사람들은 열정적이고 자기 계발을 좋아하는 사람이 많다. 욕심도 많고 계산적이다. 직설적으로 이야기하자면 머리가 굉장히 좋다. 그런 사람들이 많은 금융권에 우리는 왜 진입하고 싶은지 한번 진지하게 생각해볼 필요가 있다. 금융권 중 은행을 한번 예로 들어보자. 실제로 코칭을 하면서 학생들에게 왜 은행에 가고 싶은지 물어보면 대부분 다음과 같이 대답을 한다.

"은행을 왜 가고 싶어?"

"은행은 연봉이 엄청 세잖아요. 복지도 되게 좋고, 무엇보다 밖에서 봐도 멋있어 보인다고요. 그리고 요즘에는 결혼해서 집 사려면 대출도 해야 하는데, 아무래도 직원 혜택도 있는 것으로 알려져 있고요."

강사의 질문에 학생은 당연한 걸 왜 묻느냐는 표정으로 대답했다.

"혹시 그것 말곤 없어?"

"네. 솔직히 아직 뭘 해야 하는지도 잘 모르겠고요. 어차피 일해야 하는 거면 그래도 돈 많이 받고 복지 좋다는 곳으로 가는 게 좋지 않을까 생각해요."

학생이 대답했다.

"은행이 무엇을 하는 곳이라 생각해?" 강사가 물었다.

"그냥 통장 만들고 출금해주고 일반적으로 은행에서 하는 업무들을 하는 거라 생각해요."

"그럼 은행에서 근무하기 위해 무엇을 준비해야 할까?" 강사가 추가로 질문했다.

"음.. 글쎄요. 그냥 고객들한테 친절하게 대하는 거?"

일반적으로 대부분의 학생들은 정말 은행이나 금융권을 가고 싶어서 지원하는 것이 아니다. 특히 은행은 그저 지원하기에 장벽이 낮고 연봉이나 복지가 좋기 때문에 지원하는 경우가 많다. 하지만 회사의 입장에서 한번 생각해보자. 회사는 신입 사원 모두에게 똑같은 월급을 준다. 은행만을 집중적으로 노리고 준비한 취업 준비생이 그렇지 않은 사람보다 업무적인 성과나 회사 적응도도 뛰어날 가능성이 크다. 같은 돈을 준다면 회사에 더 큰 기여를 하는 사람에게 주고 싶은 게 당연하다. 게다가 명확하게 은행을 목표로 준비한 사람들은 실제로 영업을 할 때 도움이 되는 자격증이나 경험을 보유하고 있는 경우가 많다. 은행을 목표로 준비한 사람들이 그렇지 않은 사람보다 합격률이 높을 수밖에 없는 이유다.

물론 위의 사례처럼 조건을 보고 지원한 사람들 중에서도 합격자가 있을 수 있다. 그 이유는 크게 2가지다.

첫째, 금융권만 지원하기 위해 노력한 것은 아니지만 수많은 경험과 자격이 이미 갖춰진 사람일 수 있다. 기업에서 합격을 주는 기준은 비슷하다. 좋은 인재의 기준이 명확하게 있기 때문이다. 그렇기 때문에 만약 우리은행에서 서류 합격을 했다면, 다른 은행에서도 서류 합격할 가능성이 매우 크다. 쉽게 설명하자면 서울대 들어간 사람이 연세대, 고려대 등에 들어가지 못할 이유가 없다는 것을 말한다.

둘째, 기본적으로 은행에 맞는 상일 수도 있다. 이미지가 명확한 항공사로 예를 들어보자. 대한항공에 있는 승무원의 이미지, 그리고 아시아나 항공에 있는 승무원들의 이미지를 한번 비교해보자. 대한항공에 다니는 사람들의 이미지, 아시아나 항공에 다니는 사람의 이미지는 명확하게 그려진다. 이처럼 각 은행마다 선호하는 스타일이 있다. 기본적인 준비가 되어 있는 상황에서 색깔이 맞는 부분이 있으면 합격할 수 있다는 것이다.

대다수의 지원자는 위의 두 가지 조건에 해당하지 않을 가능성이 높다. 위의 두 가지 조건을 충족하지 못한다면 적어도 지원하는 기업과 해당 직무를 분석하는 사람이 금융권에서 합격한다.

지금부터 금융권에서 일할 수 있는 직업이 어떤 것들이 있는지 확인해보자. 그리고 이 직업에 어울리는 사람은 어떤 사람들일까 한번 생각해보자.

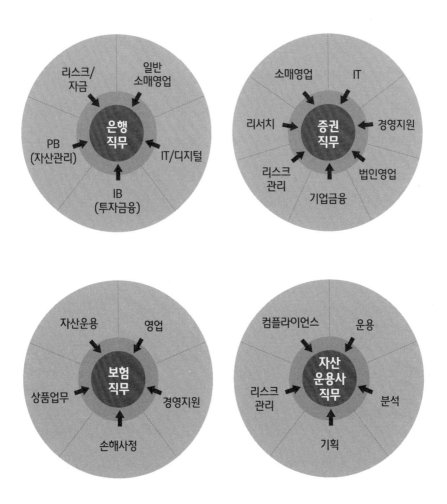

기업마다 약간의 차이가 있을 수 있다. 앞의 표는 일반적인 직무에 대해 간단하게 요약정리한 것이다. 만약 본인이 원하는 기업이 있다면 해당 기업에서 진행하는 업무 및 직무를 체크할 필요가 있다.

기업의 정보를 얻는 방법에는 크게 2가지가 있다. 첫째, 자신이 지원하고자 하는 회사로 직접 찾아가서 물어보는 것이다. 직접 회사로 찾아가면 실무자를 만날 수 있고 이야기를 들으면서 생긴 궁금증을 바로바로 처리할 수 있다.

둘째, 찾아가는 것이 어렵다면 취업 카페, 홈페이지 등 다양한 방법으로 알아볼 수 있다. 단, 이 경우 얻을 수 있는 정보는 표면적인 부분에 불과하다.

자신의 인생을 결정할 수 있는 중요한 첫 단추인 직장생활. 무작정 찾아가서 한번 해당 직원들에게 물어보는 것도 새로운 경험일 것이다. 직업을 선택하기 전에 반드시 가능한 방법을 활용하여 해당 기업의 정보를 정확하게 파악할 필요가 있다.

정확한 목표를 갖고 있는 사람이
금융권에서 합격한다

정확한 목표를 갖고 있는 사람은 어떤 분야에 진출하더라도 대부분 좋은 결과를 만들어낼 것이다. 특히 금융권은 목표를 갖고 있는 사람한테 유리한 섹터라고 생각한다. 금융업은 영업의 '꽃'이라고 불리는 곳이다. 명성이 높은 만큼 경쟁도 치열하다. 어중간한 각오로는 버티기 어렵다. 경쟁이 다른 업종보다 더 치열한 곳이기 때문에 명확한 목표를 갖고 있지 않다면 성과를 내기는 쉽지 않다.

목표. 본인의 목표는 무엇인가? 그리고 그 목표를 갖는다는 것이 본인에게 어떤 것을 뜻하는지 생각해볼 필요가 있다. 개인적으로 목표를 갖는다는 것은 '반드시 그 일을 해내겠다'라는 포부를 말로 혹은 글로 표현하는 것이라고 생각한다. 예를 들어, '나는 은행에 들어가는 것이 목표야'라고 이야기를 했다면 입행하기 위해 필요한 것들을 '수행'해야 한다. 즉, 목표를 갖고 있다는 것은 목표를 이루기 위해 기획하고 행동하고 어떤 결과를 도출해낸다는 것이다. 목표를 갖는 사람은 보통 욕심이 많다. '최고를 지향하는 마음'을 갖고 있다. 영업에 필요한 '추진력' 및 '활동력'을 갖고 있다. 목표를 갖는 사람은 경쟁하는 것을 두려워하지 않고 항상 최대의 결과를 얻기 위해 악착같이 노력을 한다.

실제로 '은행'이라는 정확한 목표를 갖고 꾸준히 도전하여 합격한 사례가 있다.

어느 날 취업 준비를 하고 있는 아는 동생으로부터 연락이 왔다.
"오빠, 저 또 불합격했어요."

전화로 들리는 목소리는 아무렇지 않은 척 노력하고 있지만 울먹거리는 것이 느껴졌다.

"아.. 이번에도? 휴... 진짜 열심히 했는데 이번에도 운이 좀 안 따라 줬나 보다. 이제는 나이도 있고 다른 곳도 같이 지원해봐야 되는 것 아냐?"

걱정스러운 듯 물어봤다.

"아뇨. 전 다음에도 그다음에도 붙을 때까지 은행만 쓸 거예요. 절대 포기할 수 없어!"

당당하게 이야기는 하고 있지만 목소리가 떨리는 것이 불안해하고 있음이 느껴졌다. 약간의 침묵이 흐른 뒤 한숨 섞인 목소리로 다시 이야기했다.

"휴... 그래 네 마음을 모르는 것은 아니지만 그래도 약간의 보험은 들어놓아야지."

"저도 불안하긴 한데 어차피 은행 가고 싶어서 꾸준히 준비했으니까요. 다른 곳 입사한다고 해도 금방 다시 나올 것 같고... 괜히 시간 낭비일 것 같아요."

"그래. 이렇게 차분히 열심히 하니까 곧 좋은 결과가 있을 것 같다. 나도 자기소개서 쓸 때 첨삭도 해주고 면접 연습할 때도 면접관 역할로 도움 줄게. 조금만 더 힘을 내보자."

이 친구는 2번의 실패를 더 경험했다. 하지만 이 통화를 하고 3년 뒤 당당하게 시중은행에 합격했고 현재까지 잘 근무하고 있다. 어떤 분야든 집요하고 끈질기게 접근하는 사람들은 결국 성공할 수밖에 없다. 금융권도 마찬가지다. 금융권에 목표를 뒀다면 최적의 방법들을 생각하고 수정 보완하며 자신이 원하는 결과가 나올 때까지 문을 두드리는 것이 필요하다. 어디에서든지 마찬가지겠지만 결국 금융권에서도 합격하는 사람은 정확한 '목표'를 갖고 이를 이루기 위해 '행동'하는 사람이다.

꾸준히 자기 계발을 하는 사람이
금융권에 합격한다.

적어도 꾸준히 자기 계발을 하는 사람이 금융권에 합격한다. 예를 들어 본인이 '애널리스트'라고 생각해보자. 애널리스트는 경제의 흐름에 대한 보고서와 그와 관련된 기업에 대한 분석 보고서를 작성해야 한다. 보고서에는 항상 최신 금융 흐름이 담겨야 한다. 금융 동향을 파악하기 위해서는 경제 지표, 경기 동향 등 다양한 부분을 매일 파악해야 한다. 최근에는 미중 무역전쟁, FOMC 금리 인상, 유럽의 브렉시트, 지정학적 리스크, 중국의 경기부양책, 환경 규제 등 다양한 이벤트들이 산재해 있다. 각각의 이벤트들은 현재 진행형이기 때문에 상황이 시시각각 변한다.

2019년 초 FOMC를 예로 한번 들어보자. 최근까지의 흐름을 보면 FOMC

는 비둘기파적인 흐름을 유지하고 있다. 만약 작년 말 비둘기파적인 흐름이 아니라 매파적인 흐름을 유지했다면 국내 경기에 치명적인 영향을 미치게 됐을 것이다. 그 이유는 기준 금리차에 따른 외국인 자금 유출이 발생될 수 있기 때문이다. 이를 만회하기 위해 한국은행에서는 추가적인 금리 인상을 단행할 가능성이 크고 이에 따라 가계 부채의 부담이 커질 수 있기 때문이다.

FOMC의 흐름을 파악하기 위해서는 관련된 회의록을 찾아봐야 한다. 또한 연준이 기준금리를 인상을 하지 않을 수 있는 요인이 있는지 찾아봐야 한다. 대표적으로 경제적 요인, 주요 지표 등 다양한 부분을 확인해야 한다. 연준이 '인내심'이라는 단어를 사용했기 때문에 한동안은 비둘기파적인 흐름이 유지될 것으로 생각이 된다. 하지만 향후 흐름이 변할 수 있으므로 지속적인 검토를 해야 한다는 것이다.

애널리스트는 겉으로만 보이는 이슈만 이야기하면 안 된다. 앞서 설명한 것처럼 만약 FOMC에서 다시 기준금리 인상을 진행하게 된다면 신흥국에는 점차 피해가 발생하게 된다. 특히 우리나라의 경우 한미 기준 금리차에 따라 외국인 투자자들의 자본금 이탈이 가속화될 가능성이 매우 높다. 이를 막기 위해서는 한국은행에서 금리 인상을 단행해야만 한다. 현재 우리나라는 가계 부채 비율이 너무나도 높기 때문에 금리가 인상되면 국내 경기에 치명적인 영향을 줄 수 있다. 서민들이 부담을 갖기 시작하면 소비가 줄고 소비가 줄면 경기가 침체가 되는 사이클이 발생된다. 이처럼 애널리스트는 여러 방면의

현상을 살펴야 하기 때문에 다양한 정보를 꾸준히 얻어야 한다.

예를 들어 상품을 추천할 때 단순히 해당 상품을 소개하는 것이 아니라 최근 금융 트렌드를 전하면서 '해당 부분에서 다음과 같은 리스크가 발생할 수 있으니 OO 상품에 투자하면 긍정적인 결과를 도출할 수 있다' 등과 같은 설명을 덧붙인다면 고객의 관심도는 높아지고 이 관심은 상품 구매로 이어질 것이다. 하나의 이슈를 꾸준히 살펴보고 이야기하는 것은 쉽지 않다. 하지만 만약 해당 정보를 일정 시점에서만 보고 해석한다면 정확한 정보를 고객에게 전달할 수 없다. 고객에게 정확한 정보 해석을 진행하지 못하면 투자 등에서도 실패할 가능성이 크다. 이처럼 금융업에서는 고객의 신뢰를 얻기 위해 꾸준히 노력해야 한다.

게다가 대부분의 은행, 증권사 등 금융권 회사에서 원하는 역량 중 하나는 '최고를 지향하는 마음'이다. 금융인은 상품을 설명하거나 판매하기 위해 정말 다양한 지식들을 알고 있어야 한다. 뿐만 아니라 CS, 글쓰기 등 다양한 응대 능력도 길러야 한다. 매일 무엇인가를 꾸준하게 한다는 것은 정말 어렵다. 금융권에서 근무하게 되면 새로운 것들을 찾아 정보를 해석하고 이를 가공하는 작업을 매일 진행해야 한다. 앞서 살펴본 기준금리 인상과 같은 부분을 말이다. 금융권은 다른 곳보다 경쟁이 더 심하다. 살아남기 위해 치열한 사투가 필요한 곳이다. 만약 자신이 자기 계발하는 것에 소홀하고 노력하는 것에 거부감이 있다면 금융권에 들어가기 전에 다시 한 번 생각해보길 바란다.

대표 금융권 우대 자격증 (2018년 기준, 자료출처 : 독금사)

은행		
IBK 기업은행	공통우대	CFP
		세무사
		CFA
		FRM
		변호사
		보험계리사
		공인노무사
		관세사
		감정평가사
우리은행	공통우대	AFPK
		펀드투자권유자문인력 (펀드투자상담사)
		증권투자권유자문인력 (증권투자상담사)
		파생투자권유자문인력 (파생상품투자상담사)
		펀드투자권유대행인
		증권투자권유대행인
		외환전문역 1,2 종
		회계사
		변리사
		보험계리사
KB국민은행	ICT	정보관리기술사
		정보통신기술사
		정보처리기사
		정보처리산업기사

KB국민은행	전문자격	CIA
		공인회계사
		세무사
		공인노무사
		CFA
		보험계리사
신한은행	기업/WM	AFPK
		투자자산운용사
		신용분석사
		외환전문역 1,2 종
		CFP
		여신심사역
		공인회계사
		변호사
		세무사
		공인노무사
		감정평가사
		보험계리사
	ICT	정보보안기사
		ADP
		DAP
		SQLP
	IB/ 자금운용/ 금융공학	변호사
		세무사
		공인노무사
		CFA
		보험계리사

농협중앙회	6급	CFP	한국 수출입은행	공통우대	CFA
		CDCS			변호사
		FRM			FRM
	5급	CFP			CDCS
		CDCS			KICPA
		FRM	부산은행	공통우대	변호사
		CFA			공인회계사
수협중앙회	공통우대	업무관련 자격증			보험계리사
KEB 하나은행	공통우대	변호사			세무사
		세무사			공인노무사
		공인회계사			감정평가사
		CFA			관세사
		FRM	제주은행	공통우대	AFPK
신협중앙회	공통우대	변호사			CFP
		법무사			FP
		보험계리사			투자자산운용사
		공인회계사			신용분석사
		공인노무사			외환전문역 1,2 종
		감정평가사			외환관리사 1,2 종
		관세사			여신심사역
새마을금고	공통우대	여신심사역			증권투자상담사
		공인회계사			파생상품투자상담사
		변호사			CFA
		공인노무사			금융투자분석사
		보험계리사			FRM
		감정평가사			CDCS
		관세사			개인재무설계사
		CISA			

금융공기업

기관	구분	자격
국민건강보험공단	행정직	행정사
		공인회계사
		세무사
		법무사
	공통우대	국내변호사
		변리사
		CFA
		KICPA

증권

기관	구분	자격
교보증권	공통우대	공인회계사
		CFA
		FRM
한화투자증권	PB	금융자격증
NH투자증권	공통우대	금융자격증
하나금융투자	공통우대	증권 및 증권영업 관련
한화투자증권	공통우대	금융자격증 소지자

보험

기관	구분	자격
한화생명보험	영업관리	AFPK
		CFP
	경영지원	세무사
	자산운용	CFA
		KICPA
		AICPA
한화손해보험	공통우대	금융자격증
롯데손해보험	보험업무	보험계리사
	대인보상	대인손해사정사
	경영지원	공인회계사
		세무사

기관	구분	자격
KB손해보험	보험계리	보험계리사
	자산운용	공인회계사
	보상	손해사정사
		보험조사분석사
	보험영업	개인재무설계사
	IT/감사	KICPA
	U/W	개인보험심사역
		기업보험심사역
		생명보험언더라이터
	기타	변호사
		공인노무사
동양생명보험	공통우대	금융자격증
교보생명	영업관리	AFPK
		CFP
	법인영업	AFPK
		CFP
		펀드투자상담사
		집합투자자산운용사
	자산운용	금융투자분석사
		투자자산운용사
		FRM
		CFA
		감정평가사
		CPA
		AICPA
		CRA
	여신마케팅	AFPK
		CFP
		CPA
		CFA
		감정평가사

교보생명	경영관리	AFPK	우리카드	일반직	CFP
		CFP			외환전문역
		CPA			여신심사역
		CFA			자산관리사
		보험계리사			투자자산운용사
		투자자산운용사			금융투자분석사
카드					금융채권관리자
하나카드	공통우대	CFP			외환관리사
		변호사			FRM
		회계사			CFA
		CFA
		FRM
		CRA
		세무사
		변리사
		노무사
국민카드	일반직	CFP
		법무사
		변리사
		세무사
		공인노무사
		공인회계사
		변호사
		CFA
	IT직	정보관리기술사
		정보시스템감리사
		정보보안기사

자기 자신을
아는 사람이 합격한다

　대부분 취업을 준비하면서 스펙, 어학, 봉사활동, 대외활동 등 정말 다양한 노력을 한다. 하지만 스펙을 쌓기 위해서는 많은 노력을 하면서 자기 자신에 대해 분석하는 사람은 거의 없다. 자기 자신을 정확하게 모르면서 자신을 어필하는 것은 본인이 활동한 스펙에 한정돼서 이야기할 수밖에 없다는 것이다. 스펙으로만 이야기를 하면 자신보다 더 좋은 스펙을 가진 사람에게 당연히 밀릴 수밖에 없다.

　우리는 '스펙'을 뛰어넘기 위해 취업에 대한 전반적인 것들을 준비하기 전에 반드시 자기 분석을 진행해야 한다. 자기 분석을 하지 않으면 자신의 성향을 생각하지 않고 단순히 '조건'을 보고 직업을 선택할 수 있다. 일반적으로 사람들이 이직을 하는 이유는 '조건' 때문이라고 생각한다. 혹은 직장 생활에 적응하지 못해서 이직할 수도 있다. 생각보다 높은 비율로 자신이 하게 된 일이 본인과 맞지 않아서 이직하는 경우가 많다. 내가 어떤 사람인지를 명확하게 알고 있어야 직업과 직무를 명확하게 선택할 수 있다. 회사에 입사한다고 해서 본인이 하고 싶은 직무만 할 수는 없다. 하지만 만약 자기 분석을 진행한다면 적어도 큰 범주 내에서 적응할 수 있는 '이정표' 정도는 설정할 수 있다. 쉬운 예를 들어보자.

홍길동은 대학교 4학년의 졸업반 학생이다. 대학을 4년이나 다녔지만 자신이 무엇을 잘 하는지 잘 모르는 상태다. 남들보다 잘하는 것이 한두 가지는 있지만 그것을 직업으로 삼을 정도는 아니라고 생각하고 있다. 홍길동은 아직까지 어떤 길로 나아가야 하는지 전혀 선택하지 못했고 무엇을 해야 할지 고민을 하고 있는 상태다. 취업 준비생이 된 이후로는 마음이 조급하고 어떻게든 취업을 해야겠다는 생각만 하고 있다. 그러던 중 A 회사에서 홈페이지에 채용 공고를 냈다. A 회사는 연봉은 4천만 원 대이고 회사명을 대면 누구나 알만한 회사다.

홍길동과 친구 김영주는 학교 식당 안에서 이야기를 하고 있다.

"영주야, 이번에 어디 지원하기로 했어?"

"진짜 한숨만 나온다. 이번에는 그냥 지원 안 하려고." 영주가 대답했다.

"야 지금 안 하면 언제 하려고?" 홍길동이 언성이 높아지며 말했다.

"이력서에 뭘 써야 할지도 모르겠고, 자기소개서 그거 도대체 막막해서 하나도 못 쓰겠더라."

"아 근데 그건 그래. 진짜 뭘 적어야 할지 막막하긴 하더라고. 내가 뭘 잘하는지도 아직 잘 모르겠고. 야 그래도 이번에 안 쓰면 내년 상반기는 돼야 쓸텐데 진짜 안 쓸 거야?" 홍길동이 물었다.

"아 모르겠다. 진짜 애들은 벌써 자격증이랑 봉사활동이랑 다 해놨더라고. 이제 와서 어느 것부터 시작해야 할지 정말 모르겠다." 영주가 한숨을 쉬며 대답했다.

"나는 A 기업 영업직이라도 넣어보려고."

"영업? 네가? 네가 무슨 영업이냐? 너 평소에 사람한테 말도 못 걸면서 무슨 영업직이야? 말도 안 되는 소리하지 말고 다른 거나 알아보자" 영주가 웃으며 말했다.

홍길동은 A 회사에 조건만 보고 무조건 지원했다. 이제 홍길동이 어떤 사람인지 한번 알아보자. 위의 대화 내용에서도 대충은 알았을 것이다. 지원자 홍길동은 내성적이고 개인적인 일을 하는 것을 좋아한다. 낯을 많이 가리기 때문에 친구들도 넓게 알고 있기보다는 좁고 깊게 만나는 타입이다. 홍길동은 개인적으로 업무를 하는 것을 좋아하기 때문에 주로 독서를 하거나 컴퓨터 작업을 하는 것을 좋아한다. 과연 홍길동이 영업직에 합격할 수 있을까? 대부분 '불합격'이라고 생각할 것이다. 물론 운이 좋아서 합격할 수도 있다. 하지만 그럴 가능성은 적다. 만에 하나라도 홍길동이 본인의 다른 장점을 통해 영업직에 입사하더라도 오래 버티지 못할 가능성이 크다. 그 이유가 무엇일까?

영업직은 사람들에게 상품을 판매하거나 신규 계약을 이끌어내는 역할을 하는 사람이다. 거래처와의 관계도 잘 유지해야 한다. 관계를 잘 유지하기 위해서는 지속적으로 연락해야 하고 논리정연하게 이야기를 잘 해야 한다. 물론 내성적인 사람도 친분이 있는 사람과는 말을 잘할 수 있다. 물론 후천적인 노력으로 내성적인 사람도 영업을 잘 할 수 있다. 하지만 위의 사례에서는 영업에 대한 준비가 전혀 되어 있지 않은 상태로 취업 준비를 하고 있다.

모든 경험이 다 삶에 도움은 되지만 그래도 시행착오를 줄이기 위해 우리는 우리 자신을 분석할 필요가 있다. 그 방법에는 크게 3가지가 있다.

첫째, 자기 진단이다. 우선 자기 진단을 하기 위해서는 브레인스토밍을 할 필요가 있다. 자신이 잘하는 것, 내가 갖고 싶은 직업, 내가 좋아하는 것을 작성하고 이에 대해 생각을 풀어 나가는 것이 좋다.

가장 먼저 생각해야 하는 부분은 '내가 잘하는 부분'을 찾는 것이다. 다음 예시에서는 '내가 잘하는 부분을 말하기', '친화력', '추진력' 3가지로 기준점을 삼아 브레인스토밍을 시작했다. 말하는 직업으로는 다양하게 있지만 스피치 강사, 아나운서, 방송인으로 설정했다. 만약 이 3가지에서 자신의 미래를 결정하고 싶다면 스피치 강사가 되기 위해 무엇을 준비해야 하는지 찾을 필요가 있다. 만약 하나의 직업을 선택하면 다음과 같이 준비해야 한다.

스피치 강사로 예를 들어보자. 스피치 강사가 되기 위해 필요한 것은 무엇일까? 우선 기본적으로 아나운서처럼 호흡, 발음, 발성이 좋아야 한다. 그리고 스피치에 대한 기본적인 지식, 말하는 방법, 스토리텔링 등 말을 잘하기 위해 필요한 것들을 준비할 필요가 있다. 만약 현시점에서 자신이 스피치 강사가 되고 싶다면 스피치 강사가 되기 위해 필요한 것 중 본인이 어떤 것을 갖고 있는지 명확하게 파악할 필요가 있다.

만약 하나도 없는 상태라고 가정해보자. 스피치 강사가 되기 위해 가장 빠르게 얻어야 하는 역량은 바로 '아나운서처럼 말할 수 있는 능력'이라고 생각이 든다면 아나운서 교육 학원을 다니거나 책과 영상을 통해 아나운서처럼 말하는 방법을 독학할 수 있을 것이다. 중요한 것은 자신이 필요하다고 생각하는 것을 이루기 위해 무엇을 어떻게 진행할 것인지 작성해 보는 것이다. 그리고 타임라인을 그려야 한다. 자신이 필요한 역량을 만들기 위해 얼마의 시간이 걸릴지 예상해야 한다. 구체적으로 몇 개월이 걸릴지 하루에 몇 시간 씩 노력하면 얻을 수 있는지에 대해서 자세하게 작성해야 한다.

현재 대학교 4학년 1학기인 상황이다. 비용적인 부분 때문에 아나운서처럼 말하는 것을 독학으로 하기로 결정했다. 하지만 시간이 1년 이상 걸린다면 진로를 변경하거나 학원을 다니는 등 방법을 바꾸거나 다른 역량을 우선적으로 채우는 방법을 생각해야 한다.

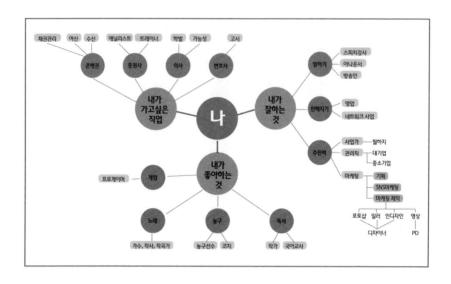

둘째, 자신의 경험을 분석하는 것이다. 자신이 경험했었던 내용들을 분석하다 보면 자신이 어떤 스타일인지 파악할 수 있다. 2-2장에서 자세하게 다룰 예정이지만 진행하면 좋은 대외활동의 내용들로 한번 설명을 해보자. 수많은 활동들을 진행했지만 그중에서 대표적으로 독금사 멘토, 교육봉사, 금융 학회 등으로 설명을 진행해보겠다.

독금사 멘토는 매주 일정 이상의 글과 댓글 등을 작성하며 끊임없이 사람들과 소통해야 한다. 일단 이 활동을 성공적으로 마치기 위해서는 기본적으로 '성실'해야 한다. 그리고 많은 사람들에게 필요한 정보를 줘야 하기 때문에 정보를 가공하는 '기획력'이 필요하다. 해당 내용을 혼자서 이야기하는 것이 아니라 상대방의 고민을 이해하고 공감하고 이야기해줘야 한다. 이에 '공감 능력'이 있다고 생각해도 된다. 교육 봉사도 매주 교육센터로 나가 학생들에게 강의를 진행해야 한다. 이 교육봉사에서도 확인할 수 있는 본인의 역량은 '성실함'이다. 학생들의 눈높이에 맞춰서 공부를 가르치기 위해서는 '공감'과 '소통 능력'이 중요하다.

물론 대외 활동으로만 자신의 역량을 찾지 않아도 된다. 예를 들면 취미가 운동인 사람은 일반적으로 적극적이고 활발하다. 운동을 많이 하면 남자들은 더욱 '협동심'을 알게 되고 '소통 능력'도 얻을 수 있다. 이처럼 자신이 경험했었던 내용들을 정리하면서, 공통적으로 등장하는 경험들을 같이 엮을 필요가 있다. 해당 내용들도 다음 그림과 같이 작성해보면 좋다.

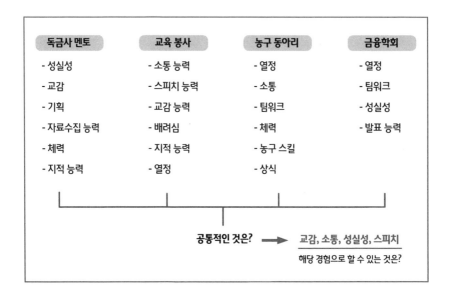

셋째, 타인이 나를 어떻게 보고 있는지 확인하는 것이다. 실제로 〈그림 1〉은 우리은행 3분 자기소개 PPT에서 활용했던 내용이고 면접관이 큰 박수를 보냈던 내용 중 일부다. 면접 이후에도 약 40~50명의 주변 지인들이 내용을 적어 보내줬고 해당 내용으로 나만의 강점을 파악할 수 있었다. 아래에서 나온 '신뢰', '친화력' 등의 내용은 은행에서 필요한 역량들에 속한다. 자 그럼 은행이 아니라 아래의 내용들을 주변 사람들에게 받았다면 그것을 어떻게 활용할 것인지에 대해 한번 지금부터 알아보자.

신뢰성, 신뢰가 높을 때 할 수 있는 직업들이 무엇이 있을까? 신뢰가 높으면 다양한 일들을 맡길 가능성이 크다. 그럼 상대방이 필요한 것들 중 단순히 조언을 듣는 것이 아니라 신뢰로 바탕으로 진행할 수 있는 일들을 생각하는 것이 좋다.

예를 들면 컨설팅, 재테크, 금융 등이 될 수 있겠다. 해당 내용들로 직업군들이 결정 나면 해당 직군에서 필요한 역량과 내가 가지고 있는 역량을 다시 비교해볼 필요가 있다. 앞의 2가지를 분석했다면 적어도 내가 어떤 부분에서 역량이 있는지는 파악이 됐을 것이다. 컨설팅에서 중요한 것은 '공감 능력', '스피치 능력', '기획/구상력', '전문성' 등이 대표적이라 생각한다. 만약 컨설팅으로 설정을 했다면 이 대표적인 역량을 어떻게 쌓을 것인지 고민을 해봐야 한다.

금융권으로 생각해보자. 금융권에서 신뢰성을 바탕으로 할 수 있는 것은 대면 업무들일 것이다. 은행의 소매영업, 증권의 소매영업, 법인영업, 기업금융 보험의 영업직군, 손해사정직군, 자산운용의 운용 등이 해당 한다. 물론 애널리스트도, 컴플라이언스도 신뢰를 바탕으로 할 수 있다.

대부분의 금융권에서는 신뢰가 바탕으로 진행이 되어야 하지만 그래도 더 특화하여 활용할 수 있는 부분이 대면 영업이다. 위의 컨설팅의 내용처럼 금융권으로 선택을 했다면 각 부분에서도 특화된 역량들이 필요할 것이다. 은행의 소매영업을 예로 들면 '신뢰성', '고객 지향 마인드', '전문성', '공감 능력' 등일 것이다. 적어도 은행원은 고객이 방문했을 때 믿음직스럽게 일처리를 해야 한다. 고객이 왜 은행을 찾아왔고 어떤 부분에 도움을 줄 수 있을지 항상 생각해야 하고 고객이 불만을 느끼거나 기분이 상하지 않게 잘 응대해주는 것이 필요하다.

만약 은행원으로 방향을 잡았다면 지금 당장 위의 4가지 역량을 얻기 위해 무엇을 할지 로드맵을 설정해야 한다. 그리고 해당 내용들을 진행하기 위해 필요한 시간과 그에 대한 우선순위를 정해야 한다. 타임라인대로 작성하고 진행하면 자신만의 포트폴리오뿐만 아니라 맞춤형 자기소개서 등도 찾아낼 수 있다. 이처럼 자기를 분석하고 해당 내용으로 직업, 직무 등을 설정하면 자연스럽게 필요한 역량, 경험, 스펙 등을 찾아낼 수 있다. 이를 활용하면 완성도 높은 취업 준비를 할 수 있다.

자기 분석을 하는 방법에는 이 3가지 외에도 여러 가지가 있다. 앞에 제시

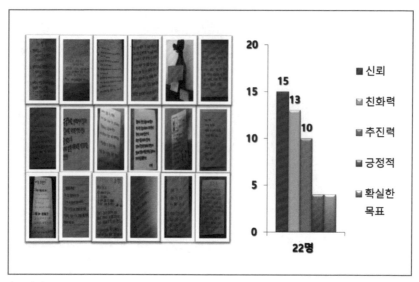

〈그림 1〉

한 3가지는 가장 빠르게 자기 자신에 대해 파악해볼 수 있는 방법이니 반드시 실행해 보기 바란다. 또한 자신의 대표적인 역량들이 나오게 된다면 그에 대한 경험들을 다시 아랫 부분에 작성하도록 하자. 자기소개서를 작성할 때 자신이 경험한 내용들을 전부 다 기억할 수 없기 때문에 타이틀이라도 모아두면 자기소개서를 작성하거나 면접을 진행할 때 큰 도움을 받을 수 있다. 자기 자신을 잘 아는 사람만이 상대방에게 나를 소개할 수 있다. 자신있게 자신의 역량을 표현하는 사람과 자신의 역량이 무엇인지 몰라 두루뭉술하게 이야기하는 사람. 과연 어떤 사람이 상대방에게 더 강하게 인식될지 생각해보자.

전체 로드맵을
그려 놓은 사람이 합격한다

취업은 결국 인생의 중간지점일 뿐이다. 일반적으로 일단 취업을 하고 나면 관심사가 '연봉인상', '결혼' 등에 대한 생각들로 바뀔 것이다. 이번 장에서는 하나의 시선 차이에 대해 이야기해 보고자 한다. 어렸을 때부터 목표를 크게 잡으라는 이야기를 자주 들었을 것이다. 다음 대화를 통해 이해도를 높여 보자.

교실 안 홍길동과 김갑순은 대학에 대해 이야기하고 있다. 홍길동이 고민하고 있는 갑순이에게 묻는다.

"갑순아, 수능 이제 한 달 남았다. 이번에 대학교 어디 넣을 거야?"

"아 나 그냥 인 서울만 하려고.." 갑순이가 자신 없는 듯 말끝을 흐렸다.

"왜? 너 정도면 중경외시 정돈 들어갈 수 있잖아."

"잘 모르겠어. 수능에서 시험을 망할 수도 있고 일단 최선을 다하긴 할 건데 인 서울이라도 하면 괜찮지 않을까?"

1개월 뒤 수능이 끝난 이후 성적표를 받은 홍길동과 김갑순은 대학교에 원서를 넣는 이야기를 하고 있다.

"길동아, 성적 잘 나왔어? 이번에 어디 넣을 거야?"

"나 점수가 좀 간당간당하긴 한데 일단 한양대를 목표로 공부해왔으니깐 적어도 그곳에는 넣어보려고. 그리고 적어도 그에 준하는 곳들로 넣을 거야."

"그러다 다 떨어지면 어떻게 하려고?" 갑순이가 걱정이 되는 듯 물었다.

"물론 불합격할 순 있지만 너무 하향하는 건 아닌 거 같고 애초에 공부도 목표를 잡고 했으니깐 적어도 비슷하거나 조금 부족한 데라도 들어가야지."

"나는 그냥 하향해서 지원하려고.. 인 서울이라도 하면 되겠지 뭐..."

결과는 보지 않아도 어느 정도 감이 올 것이다. 홍길동은 자신이 원하는 데를 입학했고, 갑순이는 본인의 실력보다 못 미치는 곳으로 들어갔다. 물론 이 대화의 내용이 비약적일 수 있다. 하지만 일반적으로 목표를 높게 잡고 노력하는 사람은 그 반이라도 이룬다는 것을 강조하기 위해 예를 들어 보았다. 일반적으로 다이어트를 하거나 어떤 목표를 잡았을 때 우리가 얼마나 노력 하느지를 생각해보자. 목표가 클수록 우리는 더 노력한다.

취업은 우리 인생에서 그저 지나가는 하나의 관문에 불과하다. 최근 채용 시장 전망이 더욱 어두워지는 상황에서 많은 취업준비생들은 자신의 미래를 크게 내다보지 못하고 단순히 '연봉', '복지' 등과 같은 조건만 따지곤 한다. '안정적'이란 이유로 요즘 공무원 지원자가 늘기도 했지만, 자신들이 입사한 회사에서 새로운 비전을 찾을 수 없기 때문에 공무원으로 전환하는 사례도 적지 않다. 그렇기 때문에 다음 그림과 같이 자신만의 로드맵을 설정해 놓을 필요가 있다. 물론 회사를 지속적으로 정년까지 다닐 수도 있고 다음 사례와 같이 창업을 하는 경우나, 강사로 활동하는 경우도 있다. 그림을 참고해보자.

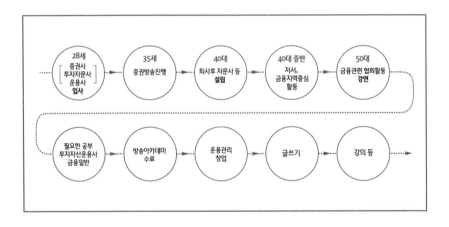

물론 그림에서 예로 든 로드맵은 회사를 퇴사하는 경우이기 때문에 회사 부분에서 조금 다르게 각색해서 말할 필요는 있다. 하지만 적어도 왜 금융권 이고 왜 해당 직업을 택해야 하는지에 대한 생각을 인생의 큰 플랜 속에 녹여

볼 필요가 있다. 그리고 계획을 세운 대로 진행하기 위해 무엇을 해야 하는지 결정하고 또 그것들을 어떻게 병행해서 해당 사항을 이뤄낼 것인지 우리는 파악할 필요가 있는 것이다.

이 로드맵을 세우면 좋은 것이 있다. 다른 사람과 차별화된 지원 동기를 작성할 수 있다. 일반적으로 취업 준비생들은 지원 동기를 쓰는 것을 어려워한다. 해당 기업에 지원하는 특별한 이유가 없기 때문이다. 하지만 만약 인생의 큰 그림 속에 해당 회사에 입사해야 하는 이유가 있다면 그리고 해당 직군을 들어와야만 인생의 목표를 이룰 수 있다면 다른 지원자의 지원 동기와는 확실히 차별화될 수도 있다. 앞의 로드맵은 큰 흐름의 로드맵이고 또 각각의 중간 지점을 세분화할 필요가 있다.

	목표를 이루기 위해 진행해야 할 것	가장 먼저 진행해야 할 것
20대 후반 목표 *증권사 *투자자문사 *운용사 *은행 입사	[공통 진행] 금융 협회 가입 기초 금융 자격증 취득 금융 공모전 지원 [각각 진행] *증권사 애널리스트 부분 - RA지원 - 리서치 보고서 작성 *투자자문사 - 인턴 진행 *운용사 *은행 입사	1. 금융 협회 가입 - 1주일 동안 금융 협회 확인 - 관련 활동한 사람 있는지 확인 - 주요 활동 확인 - 직업 협회 방문 후 수업 등 확인 2. 금융 자격증 취득 - 증권투자상담사 (시험 일정) - 펀드투자상담사 (시험 일정) - 파생상품투자상담사 (시험 일정) - 투자자산운용사 등 (시험 일정) - 금융자격증 상반기에 마무리 3. 금융 공모전 지원 - 금융권과 연관된 공모전 (ex. 마케팅, 기획, 영상 등) - 해당 직무 공모전 (ex. 애널리스트 분석 대회 등)

예를 들면, 전체 로드맵 중에서도 다음과 같이 나눌 필요가 있다. 28세에 이루고 싶은 것을 증권사, 투자자문사, 운용사, 은행 등 각각 직군으로의 취업이라고 가정해보자. 물론 모든 곳을 다 근무할 수는 없기 때문에 하나의 기업에서 근무를 한다고 생각해야 한다. 사전에 4가지 중 어떤 곳으로 입사를 하고 싶은지 세세하게 이유를 정리할 필요가 있다. 그 이후 목표를 이루기 위해 진행해야 할 것들을 정리한다.

크게 2가지 카테고리로 정리하면 좋은데 [공통 진행] 부분과 [각각 진행] 부분으로 나누면 좋다. 공통적인 부분은 4가지 모두 금융권 회사이기 때문에 금융권에 전반적으로 도움이 되는 대외활동 중에서 본인이 생각한 대외활동을 정리해놓은 것이다. 그리고 각각 진행은 증권사면 증권사에 있는 직무들 중 어떤 직무를 할 것인지에 대해 정하고 그에 대한 부분을 어떻게 역량을 쌓을 것인지 추가적으로 준비한다. 증권사에서는 애널리스트 직무로 선정을 했기 때문에 RA로 인턴 및 근무를 진행하여 실질적인 근무를 체험해보는 것과 간접적으로 네이버 증권 등 리서치 보고서를 얻어 관련된 내용을 따라서 만들어 보는 방법 등이다. 후자의 경우 포트폴리오로 활용할 수 있다. 만약 증권사 쪽으로 길을 잡았다면 '금융 협회 가입', '기초 금융 자격증 취득', '금융 공모전 지원', 'RA 지원(인턴/알바 등)', '리서치 보고서 작성'을 준비한다고 생각하면 된다.

여기서 다시 큰 카테고리가 형성이 되었다면 각각의 공통 사항은 어떻게 진행할 것인지 또 세부사항은 어떻게 진행할 것인지 정리할 필요가 있다. 금융 학회는 여러 곳이 있지만 어느 곳이 나에게 정말 필요한 역량을 제공할지 알 수 없다. 따라서 충분한 시간의 조사를 진행하고 협회에서 활동한 사람을 찾는다. 해당 부분은 직접 그 협회 위치를 파악하여 출입문을 통해 움직이는 사람에게 도움을 요청을 할 수 있다. 혹은 각종 금융 커뮤니티에서 질문 등을 올려 확인할 수 있다.

아무래도 직접 찾아가서 사람에게 듣는 것이 중요하다. 다만 운영진에게 바로 연락하지 않은 것이 좋은데, 대부분 운영진은 자기가 있는 곳의 좋은 부분만 어필할 수 있기 때문이다. 실제로 그 금융 학회에 가입하고 교육을 받는 사람에게 물어보는 것이 적절한 판단을 하는 데 도움이 된다. 그 이유는 해당 학회를 가입하게 됐을 때 진행되는 주요 사항들에 대한 정보를 얻을 수 있기 때문이다. 뒤에 개인적으로 소개한 대외활동에 있는 금융 학회의 경우 '경제지표분석', '경제동향분석', '기업 리포트 작성', 'M&A 피치북 작성', ' 벨류에이션 공부' 등 다양한 부분의 금융 지식들을 채울 수 있는 활동들을 진행했다.

이를 통해 취업에 혹은 금융권에 진입하는데 충분히 도움이 되는지 확인하고 해당 내용을 진행할 필요가 있는지 없는지 최종적으로 판단하여 결정해야 한다. 우리의 시간은 한정적이기 때문에 가장 효율적으로 시간을 활용하기 위해서는 다음과 같이 계획을 세우고 해당 내용들을 진행했을 때 얻을 수 있는 가치를 생각해야 한다. 만약 해당 내용과 다른 대외활동 중 본인이 생각하기에 다른 활동이 더 가치가 있다고 하면 더 가치가 있는 대외활동만 진행을 하거나 무리해서라도 병행할 필요가 있다. 일반적으로 대외활동을 많이 해보지 않은 사람들은 한 번에 하나의 대외활동만 진행한다. 하지만 계획을 세우면 동시에 여러 가지 활동을 동시에 진행할 수 있기 때문에 단기간에 기본적인 역량 및 스토리 소스를 충분히 얻을 수 있다.

무엇보다 계획한 내용대로 일을 진행하면 삶의 에세이라든지 포트폴리오 등을 원활하게 작성할 수 있다. 실제로 은행 자기소개서를 보면 '자신의 삶에 대해 에세이 형식으로 작성하시오(1,000자 ~ 3,000자 내외로 작성하라)'라는 질문이 나올 때가 있다. 이럴 때에도 만약 이 로드맵을 그려놓은 사람이라면 편안하게 진행했던 이야기를 조리 있게 작성할 수 있다. 우리는 해당 내용에서 얻을 수 있는 가치, 그리고 왜 이 활동들을 진행해야 하는지 미리 정의를 했다. 그렇기 때문에 단순히 자신이 진행한 대외활동을 나열하는 자기소개서가 아닌 이 활동을 왜(Why) 진행했고, 이를 통해서 무엇(What)을 얻었고, 이를 어떻게(How) 활용할 것인지 논리적으로 작성할 수 있다.

이는 자기소개서나 면접 등 채용 프로세스에서 고득점을 받을 수 있을 뿐만 아니라 인생의 터닝 포인트가 될 수 있는 중요한 인생 설계도이기 때문에 반드시 작성을 하여 전략적인 취업 준비를 하길 바란다.

02

2장

정말
스펙 좋은 사람만
합격해요?

정말 스펙만이
취업의 답일까?

스펙이 높은 사람만 합격한다?

취업준비생은 불안하다. 자신은 스펙이 부족하다고 생각하기 때문이다. 취업도 스펙이 좋은 사람만 가능할 것 같다. 실제 합격률을 봤을 때 합격하는 이들 중 스펙이 좋은 사람이 더 많기는 하다. 우리는 스펙이 좋은 사람들만 붙는다고 볼멘소리를 한다. 하지만 냉정하게 생각해보면 스펙에 초점을 두면 안 된다는 사실을 알아야 한다. 스펙이 좋은 사람'만' 합격하는 것은 아니기 때문이다. 우리는 그 사실에 초점을 둬야 한다.

요즘 사람들은 '노력하라'는 말을 정말 싫어한다. 물론 사회 구조가 노력만으로 안될 수도 있다. 하지만 우리가 보지 못하는 곳에서 노력만으로 성공을 이뤄내는 이들도 많다. 냉정하게 한번 생각해보자. 스펙이 좋은 사람은 왜 좋을까? 학벌, 학점, 자격증, 대외활동, 어학 등 일반적으로 '스펙' 하면 나오는 단어들이 있다. 스펙이 좋은 사람은 하늘에서 갑자기 뚝 떨어졌을까? 전혀 그렇지 않다.

가장 쉬운 예로 자격증을 예로 들어보자. 우리가 자격증을 취득하기 위해서는 일정한 노력들이 필요하다. 먼저 자격증 시험 일정을 확인하고, 어떤 책으로 공부할지를 정해야한다. 인터넷 서칭을 하든 서점을 통하든 교재를 선택하고 구매도 해야 한다. 자신의 스케줄도 체크해야 한다. 자격증을 공부하는 시간에는 다른 사람과의 약속, 본인의 취미, 잠 등 다양한 것들을 줄여나가면서 그 시간을 투자해야 한다. 그렇지 않으면 좋은 결과를 얻을 수 없다. 아무리 쉬운 시험이라도 일정한 시간을 투자하고 본인이 직접 자격증을 찾고 취득해야 얻을 수 있다. 그 어떤 것이라도 스펙의 범주에 들어가는 무언가를 얻기 위해서는 '노력'을 해야 한다.

학교도 마찬가지다. 물론 대학교 입학의 경우는 운도 하나의 요소이므로 평소의 자신의 실력과는 차이가 나는 학교에 입학할 수도 있다. 더 좋은 학교를 갈 수도 있고 그렇지 못한 학교를 갈 수도 있다. 하지만 정말 성실하게 매일 공부하는 전교 상위권의 학생들을 봤을 때, 그들은 어느 정도 일정한 수준의 학교는 들어간다는 것이다. 그들은 한 번에 성공하지 못했다면 재수, 삼수를 해서라도 들어간다. 스펙이 좋은 사람들이 합격하는 이유는 스펙이 좋지 않은 사람보다 더 많은 노력을 했다고 인정받을 수 있기 때문이다. 그리고 해당 직무에 더 빨리 적응할 수 있을 것이라는 생각 때문이다. 하지만 스펙이 좋다고 해서 무조건 합격하는 것은 아니다.

그 이유는 무엇일까? 해당 스펙을 잘 표현하지 못했을 수도 있고 그 스펙이 해당 기업에는 큰 도움이 안 되는 스펙일 수도 있다. 그리고 무엇보다 스펙이 좋다고 해서 무조건 일을 잘하는 것이 아니기 때문이다.

하나의 예를 들어보자. 영업 직군에 서울대와 지방대를 졸업한 지원자가 각각 지원했다고 가정해보자. 두 사람 중 누가 더 영업을 잘할까? 이렇게 가정해보자. 서울대 출신 지원자는 자격증, 어학 등 스펙까지 두루 갖췄다. 지방대 출신 지원자는 4년 동안 각종 아르바이트를 거치며 관련 업종의 경험을 갖추었고 영업 노하우도 충분히 있다. 이 경우 누가 합격할까? 서울대 출신의 취업 준비생이 합격할 수도 있지만 지방대 출신 학생도 붙을 수 있다. 극단적인 예일 수 있지만 스펙상으로 다소 부족하더라도 그 직무를 수행할 수 있는 경험이 있다면 부족한 스펙을 메꾸고도 남는다는 이야기다. '이론과 실전은 다르다'라는 이야기를 자주 들어봤을 것이다. 물론 머리가 좋고 노력을 했기 때문에 해당 업무를 빠르게 숙지할 수 있겠지만 스펙이 좋다고 해서 무조건적으로 일을 잘하는 것이 아니다.

우리는 이제 스펙이 중요하지만 '무조건적인 것은 아니다'라는 것을 알았다.

노력하지 말라는 이야기가 아니다. 해당 직무에 활용할 수 있는 다양한 경험이 있다면 과거에 바꿀 수 없는 것들을 충분히 극복하고 취업할 수 있다는 이야기를 하는 것이다. 그 다양한 경험을 얻기 위해서 우리는 '노력'을 해야 한다.

취업도 전쟁이다. 병력이 부족해도 각종 전술과 전략으로 전쟁에서 승리하는 경우가 많이 있었다. 이와 마찬가지로 스펙이 부족하더라도 충분히 전략적으로 접근 대응하면 성공적인 취업을 이룰 수 있다. 스펙이 없다고 너무 좌절하지 말자. 그 시간에 스펙을 뛰어넘을 수 있는 나만의 경험, 직무에 맞는 경험을 만들 필요가 있다.

바꿀 수 없는 것에
목숨 걸지 마라 (학점 · 학벌)

우리가 '스펙' 하면 가장 먼저 떠오르는 것은 학교와 학점이다. 그 이유는 바꿀 수 없는 부분이기 때문이다. 물론 시간을 다시 몇 년씩 투자하여 편입을 하거나 재입학을 할 수도 있다. 하지만 그런 결정은 쉽지 않다. 그리고, 우리가 알아야 할 것은 이미 바꿀 수 없는 부분에 좌절하고 절망할 필요는 없다는 점이다.

일단 우리는 기업에서 왜 학벌과 학점을 보는가를 알아야 한다. 앞서 이야기를 몇 번 나눴지만 스펙이 좋은 사람은 결국 '성실'하다는 것이다. 좋은 대학교에 입학하려면 고등학교 시절 다년간 열심히 공부해야 한다. 높은 학점을 유지한 것도 성실하게 학교를 다니고 과제 및 시험공부를 열심히 한 결과이다. 물론 지적 능력에 따라 노력 대비 약간의 차이가 있을 수 있지만 일반적으로는 우리의 두뇌는 다 우수하다. 다만 다른 사람보다 적게 공부했을 뿐이다. 학교와 학점을 '성실'의 척도로 생각하고 접근을 한다면 우리는 이를 만회할 무언가를 만들면 된다. 혹은 학교와 학점을 뛰어넘는 어떤 '경험'을 통해 회사에 이바지할 수 있는 부분을 어필하면 충분히 부족한 부분을 만회할 수 있다.

예를 들어보자. 만약 은행을 지원하고 싶은 지원자라고 가정해보자. 이 지원자는 학점과 학벌은 부족하지만 하루에 한 번씩 다른 은행 지점을 한번 방문해보고 이에 대한 방문 일지를 작성했다. 만약 이 행동을 1년 동안 지속했다면 은행별 분위기, 지역별 은행 업무의 차이점 등을 명확하게 파악할 수 있을 것이다. 그리고 해당 포트폴리오를 만들기 시작하면서 각 은행원들로부터 업무의 특성이나 필요한 점 등을 배우고 소통한다면 학점을 뛰어넘는 간접 실무 경험을 쌓는 셈이다. 무엇보다 다른 사람과 확실한 차별화된 지원 동기를 만들 수 있다. 365일 은행을 다녀온 이야기는 아무나 따라 할 수 있는 부분이 아니다. 정말 은행에 입사하고 싶고 성실함이 뒷받침되는 사람들만이 이 행동을 할 수 있을 것이다.

이처럼 성공하기 위해서는 자신의 현 위치를 명확하게 파악하고 이 부분을 만회할 '무엇'을 찾아야 한다. 그리고 자신이 할 수 있는 것, 자신이 할 수 없는 것을 명확하게 구분할 필요가 있다. 학점과 학벌은 바꾸기가 쉽지 않다.

그것을 단순히 자격증이나 어학점수로 바꿀 수 있는 것인가에 대해 고민해볼 필요가 있다. 물론 토익 990점, 회계사 자격증 등 전문 자격증을 취득한 상황이라면 취업을 하는데 큰 도움이 될 것이다. 하지만 그 정도의 어학과 자격증을 취득하기 어렵다면 다른 방법을 찾는 것이 맞다. 개인적으로 생각하기에 해당 부분을 가장 빠르게 극복할 수 있는 부분은 바로 '차별화'이다. 차별화하는 방법에도 여러 가지가 있을 수 있지만 '지원 동기' 부분에서 차별화를 시킨다면 모든 것에서 비교우위를 가질 수 있다고 생각한다. 여기서 지원 동기는 단순히 금융업에 진입하는 것뿐만이 아니라 왜 다른 여러 경쟁사들 중에서 그 회사에 들어가야만 하는지에 대한 부분이다. 이 부분은 실제로 그 기업을 많이 방문하고 기업 분위기, 흐름 등을 파악하지 않고는 이야기할 수 없는 부분이다. 학벌과 학점에 연연해 하지 말고 그것을 뛰어넘을 수 있는 것이 어떤 것이 있는지 지금 바로 고민해보자.

어학연수 없어도
너무 신경 쓰지 마라

2011년 이후부터 영어에 대한 평가 기준이 높아졌다. 이에 따라 어학연수에 대한 중요도가 높아지며 누구나 어학연수를 다녀오는 분위기가 형성되어 있다. 대부분의 사람들이 경험하는 어학연수가 없어 큰 고민을 하고 있는 취업 준비생도 적지 않을 것이다. 하지만 걱정할 필요가 없다. 물론 어학연수 기간 동안 새로운 문화에서 많은 사람들과 적응하며 자신만의 역량을 끌어올리는 사람들도 적지 않을 것이다. 하지만 어학연수를 다녀오지 않아도 취업에는 큰 문제가 될 것이 없다. 우리는 '어학연수'를 다녀와서 취업에서 불합격하는 것이 아니라 남들이 '어학연수'를 할 때 다른 것을 하지 않았기 때문에 불합격하는 것일 가능성이 높다는 사실을 인지해야 한다.

우리가 어학연수를 극복하기 위해 다른 실무 관련 활동들을 진행한다면 충분히 어학연수를 만회할 수 있으니 걱정하지 않아도 된다. 실제로 합격률을 보더라도 어학연수가 없더라도 합격하는 사람들이 많다는 것도 확인할 수 있다.

그렇다면 어학연수를 극복하기 위해 우리는 어떤 활동을 하면 좋을까? 가장 좋은 것은 우선 '인턴'이다. 물론 요사이는 인턴도 '금턴'이라 불리는 상황이라 이마저도 쉽지는 않다. 인턴이 힘들다면 단기 사무직 아르바이트라도 진행해보면 좋다. 최대한 자신이 진입하고 싶은 분야와 연관이 되어 있는 직종으로 진행해야 한다. 사실 단기 사무직이나 관련 업무에 대한 공고는 자주 나온다. 애널리스트를 꿈꾸고 있다면 RA 관련된 부분으로 지원하면 되고, 대면 업무에 관심이 있는 사람들은 정말 힘들겠지만 콜센터에서 단기적으로 근무해보면 큰 도움이 된다. 콜센터의 경우 비대면으로 안내를 한다. 톤과 스피치 능력으로만 고객을 응대해야 하기 때문에 콜 업무를 잘하는 사람들은 대면 업무도 잘하는 경우가 많이 있다. (물론 개인적으로 내성적인 사람들은 예외로 해야겠지만 말이다.) 아마 반복적으로 이야기를 하겠지만 경험에 대한 내용을 단순히 '어떤 것을 했다'로 끝나면 안 된다. 항상 그것을 하게 된 이유 'Why'와 그것을 통해 무엇 'What'을 얻었고 어떤 결과 'Result'가 나왔는지 정리해야 한다. 그리고 더 나아가 그 결과, 어떤 깨달음을 통해 어떻게 나아 가고 있는지를 정리해야 한다.

두 번째 방법은 회화 스터디에 가입하는 것이다. 어학연수를 통해 물론 '적 응력', '친화력', '도전정신' 등을 얻었다고 표현할 수 있다. 하지만 원천적으로 어학연수를 가는 이유는 '언어'를 배우기 위함이다. 즉, 해외를 나가지는 않 았지만 일반적인 대화가 가능하다면 어학연수를 다녀오지 않았다고 해서 점 수를 낮게 줄 이유가 없다. 하물며 실무 경험이 있고 프리토킹이 가능하다면 어학연수를 다녀왔지만 실무 경험이 없는 사람보다 오히려 높은 평가 점수를 받을 수 있다.

마지막으로 실무진이 하는 업무를 간접 체험한 것을 포트폴리오로 만드는 것 이다. 예를 들면 매일매일 경제 동향을 작성하고 그에 대한 자신의 생각을 정리 한 자료를 1년 동안 모아서 나만의 포트폴리오를 만든다면 단순히 어학연수만 을 다녀온 사람과의 경쟁에서 우위를 점할 수 있다. 물론 이렇게 생각할 수도 있을 것이다. 만약 어학연수를 다녀온 경쟁자가 실무 경험도 있다면, 어쩔 수 없이 모든 경험과 스펙들을 비교하고 살펴봐서 내가 불리할 수도 있을 것이다. 하지만 우리의 경쟁자는 모든 것을 갖춘 엄친아가 아니다. 모든 것을 다 갖춘 사람들은 사실 소수에 불과하다. 우리가 중점적으로 표현할 부분은 현재에도

'목표'를 이루기 위해 노력하고 있다는 점이다. 앞으로의 성장성, 그리고 지속성을 통해 회사가 긍정적으로 바라볼 부분들을 보여주면 된다는 것을 기억하자.

수많은 기회를 잡아라

취업 준비가 덜 된 대부분의 취업 준비생이 대학교 4학년 2학기 즈음 생각하는 것은 '아 왜 이렇게 나는 해놓은 게 없지'라는 것이다. 일단 자신이 경험한 내용을 '자신만의 특별한 경험'으로 만들면 되지만 해당 내용은 자기소개서 작성법에서 자세하게 다루기로 하자. 만약 본인이 경험이 부족하다는 생각이 든다면 주변에 널린 수많은 기회를 잡도록 하자.

〈자료 출처 : 독금사〉

위의 그림을 보면 교육/강연회 및 모임 등에 대한 내용들이 있는 것을 파악할 수 있다. 업로드되는 기간을 살펴보면 하루에도 몇 개씩 경험을 쌓을 수 있는 내용들이 다수 업로드된다는 것을 금방 파악할 수 있다. 위의 내용은 유명한 금융취업카페 중 하나인 독금사에서 발췌한 내용이다. 독금사 이외에도 독취사, 공취사 등 다양한 취업카페가 있다. 각각의 카페에는 공모전, 대외활동, 교육 및 설명회, 모의투자 등 다양한 경험을 할 수 있는 내용들이 매일매일 업로드된다. 스터디도 자격증 스터디와 취업 스터디로 나눠져 있어 자신이 원하는 부분이 있다면 빠르게 사람들과 모여 진행할 수 있는 것들이 많다.

최근 'TMI'라는 신조어가 생길 만큼 정보가 넘친다. 중요한 것은 우리가 이 많은 기회들을 잡고 진행을 하는가 안 하는가의 문제이다. 물론 모르는 사람들과 진행을 해야 한다고 생각하면 걱정이 될 수 있다. 그런 부분이 마음에 걸린다면 친구와 함께 지원하는 것도 하나의 방법이 될 수 있다. 해당 내용들을 진행하면 인적 네트워크, 스펙, 자기소개서 내용 소스 등 다양한 긍정적인 부분들을 얻을 수 있다. 지금 당장 시작할 많은 것들이 있다. 경험이 없다고 진행한 것이 없다고 생각하지 말자. 지금 하면 된다.

모의투자

금융권 취업을 원한다면 스펙을 이길 수 있는 경험. 가장 강력한 스펙 중 하나를 만들 수 있는 모의투자를 반드시 경험하길 바란다. 모의 투자는 실제 돈이 아닌 것으로 투자하는 것일 뿐 실제로 투자하는 것과 동일한 것들을 느낄 수 있다. 물론 모의투자에서 돈을 잘 버는 사람이 '무조건' 실제로 돈을 잘 버는 것은 아니지만 그럴 가능성이 매우 높다고 할 수 있다. 무조건적이지 않는 이유는 모의투자의 경우 자신의 돈이 아니기 때문에 '냉정'하게 투자를 진행할 수 있지만 실제로 자신의 자본이 들어간다고 하면 심리상으로 부담을 느낄 수 있기 때문이다. 모의 투자에서 수상을 했야만 꼭 도움이 되는 것은 아니다. 물론 수상 이력이 있다면 큰 도움이 되겠지만 단순히 모의 투자를 진행했다는 것만으로도 여러 가지 도움이 될 수 있다. 우선 여러 번의 모의 투자를 통해 자신의 투자 로직을 실험해볼 수 있다. 증권사나 자산운용사에 입사하고 싶은 사람은 특히 도움이 된다. 100번 이론 공부를 하는 것보다 실제로 투자해보는 것이 더 중요하기 때문이다. 만약 모의 투자로 일반적인 스펙을 이기고 싶다면 다음의 방법을 추천한다.

마지막 학기인 사람의 경우 어쩔 수 없지만 만약 2학기 이상의 기간이 남아 있다면 각각의 모의투자를 진행할 때마다 자신이 생각했던 혹은 일반적으로 알려진 투자 기법을 활용하여 투자 수익률을 기록한다. 투자를 진행할 땐 이 종목을 이 시기에 왜 투자했는지 작성하고 그에 대한 자신의 생각 및 투자 결과를 작성한다. 2번의 모의투자를 진행했다면 2개의 투자 로직을 검증한 결과 보고서가 나올 수 있다. 3번의 모의투자를 경험했다면 3가지 로직으로 실험한 결과가 나올 것이다. 그중 수익률이 좋은 부분을 다시 가공하여 자신만의 투자 로직을 만들고 해당 내용들을 포트폴리오로 제시한다면 큰 도움이 될 수 있다. 모의 투자하는 방법은 다음과 같다.

모의투자 Tip

대표적인 주식투자 프로그램 〈영웅문〉을 활용하기 위해서는 우선 아이디와 비밀번호가 필요하다. 그러기 위해선 기본적으로 증권 계좌가 있어야 한다. 만일 계좌가 없다면 가까운 시중 은행을 찾아가 증권계좌를 개설하기 바란다. 증권 계좌를 받고 〈영웅문〉을 다운로드했다면 모의 투자를 진행하기 위해 〈영웅문〉을 실행한다.

〈영웅문〉 다운로드하는 법

1. 네이버에서 '키움증권'을 검색한다.

2. 트레이딩 채널 중 [대한민국 대표 HTS 영웅문 4]를 클릭한다.

3. 설치 프로그램 다운로드 카테고리 중 [다운로드]를 클릭한다.

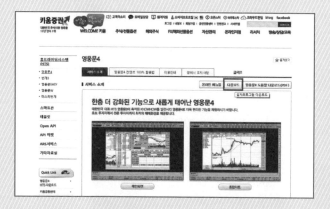

4. 하단에 팝업으로 download.kiwoom.co의
KiwoomHeroSetup.exe에 관련한 창이 형성된다.
여기서 [실행]을 클릭한다.

5. 실행 버튼을 클릭하면 키움증권 설치 프로그램이 생성된다. [다음]을 눌러 설치를 완료하면 된다.

일반적으로 투자자가 영웅문을 실행하면 [ID 로그인] 탭으로 활성화된다. 우리가 지금 진행하는 과정은 모의투자이기 때문에 [ID 로그인] 탭 옆에 있는 [모의투자] 탭을 클릭한다. 클릭하면 다음과 같은 화면이 나온다.

모의 투자를 진행하기 위해 영웅문 [모의투자] 탭에서 아이디와 비밀번호를 기입하고 로그인한다. 사전에 모의투자에 대한 신청을 하지 않았으면 아래와 같은 해당 박스가 생성된다. 박스에서 [모의투자 신청하기]를 클릭하자.

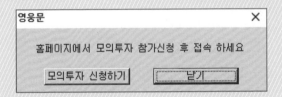

[모의투자 신청하기]를 선택하면 다음 사진과 같이 홈페이지가 화면에 나온다.

해당 홈페이지에서 표시된 부분에 있는 [모의투자 참가신청]을 클릭한다. [모의투자 참가신청]을 하기 위해서는 로그인 상태여야 한다. 따라서 투자자는 이미 만들어둔 아이디와 비밀번호를 기입하고 로그인해야 한다.

로그인을 진행하면 [상시 모의투자 참가신청] 화면이 나온다. 우선 우리는 주식투자를 연습할 것이기 때문에 [주식 참가] 부분에 체크를 한다. 그리고 금액과 투자 기간은 각각 5억, 3개월로 선정하고 진행한다.

자신만의 특별한 경험을 만들어라

'자신만의 특별한 경험을 만들어라'라고 하면 대부분의 취업 준비생은 어려움을 느낄 것이다. 인터넷과 SNS가 발달한 지금 어떤 경험도 사실 '특별하다'는 의미를 부여하기 쉽지 않기 때문이다. 그런데 자신만의 특별한 경험은 평생 경험하기 힘든 것을 이뤘을 때만을 이야기하는 것은 아니다. 예를 들어보자.

만약 본인이 30년 동안 한 번도 봉사활동을 하지 않았다. 만약 30살에 강제적으로 봉사활동을 하게 됐고 그것이 자신의 삶에 큰 터닝 포인트가 됐다면 그것은 특별한 경험이 되는 것이다. 하지만 나는 평소에 '봉사활동을 매달 1번씩 하는 사람이다'라고 가정했을 땐 봉사활동하는 것은 큰 의미가 없을 수 있다.

자신만의 특별한 경험을 만드는 것은 자신의 삶을 스케치하는 것부터 시작한다. 남들이 일반적으로 하는 일은 무엇인지 자신이 했었던 일은 무엇이 있는지 정리한다. 그리고 자신의 삶, 목표, 진로를 바꾸게 된 경험들을 정리한다. 그리고 그것들을 통해 바뀌게 된 것을 적으면 된다. 우연하게 봉사활동을 통해 학생들에게 교육을 진행한 경험이 있었다고 가정해보자.

저는 30년 동안 누구를 가르쳐본 적이 없었습니다. 항상 수업을 들으면 따분하고 '나도 저 정도는 그냥 하겠다'라는 생각을 하며 살았습니다. 평소에 남을 도와주는 것을 좋아해 한 달에 한 번씩 주말에 봉사활동을 진행하고 있었습니다. 평소에 음식을 나눠주거나 거리를 청소하거나 하는 봉사활동을 진행했는데 우연찮게 교육 봉사로 대체되는 일이 있었습니다. 처음으로 강단에 서서 사람들에게 강의를 진행했습니다. 실제로 강의를 진행해보니 '강의하는 것이 정말 쉬운 일이 아니구나'라는 것을 느꼈습니다. 하루 종일 이야기한 것 같은데 시간을 살펴보니 20분 정도밖에 지나지 않았다는 것을 알았습니다.

첫 강의는 참담한 실패로 끝이 났습니다. 그래도 많은 것을 배웠다고 이야기해주는 수강생들을 보며 마음이 착잡해졌습니다. 저는 이 경험을 통해 '스피치 능력', '기획력'을 얻기 위해 노력했습니다. 강의를 잘 진행하기 위해서는 2가지 역량이 필요하다고 생각했기 때문입니다. '기획력'을 얻기 위한 노력부터 시작했습니다. 기본적으로 콘텐츠가 좋아야 수강생이 만족할 것이라 생각했기 때문입니다. 강의 기획서인 교안을 배우기 위해 16주 강사 과정을 밟고 현직 강사들에게 조언을 얻어 기획하는 방법을 익혔습니다. 이후 내용을 청중에게 전달하기 위해 스피치 능력을 길렀습니다. 스피치에서 중요한 3대 요소로 알려진 발음, 발성, 호흡에 집중했습니다. 발성의 경우 아나운서 발성법을 익히는 것이 아닌 명강사들이 활용하는 강약 조절, 밀고 당기기 화법에 대해 연구하고 익혔습니다. 현재까지도 주말에 교육 봉사를 진행하고 있습니다.

만약 해당 내용을 자기소개서에 녹인다면 '입사 후 관련 역량을 활용하여 신입 사원을 교육하고 관리하는 데 힘을 쏟겠습니다'와 같은 내용의 문장을 2회 정도 추가해서 활용하면 된다. 이처럼 단순히 스펙으로 불리는 학벌, 학점, 어학 점수 등을 극복할 수 있는 다양한 내용들이 있다. 위의 내용들도 어떻게 보면 스펙에 포함될 수 있지만 하나라도 부족한 부분을 채울 수 있다면 지금 당장 활용해보는 것이 좋다. 중요한 것은 현재 시점에 스펙이 좋지 않더라도 그것을 만회할 수 있는 여러 활동을 진행한 경험이 있으면 충분히 경쟁이 된다는 사실이다. 아직도 늦지 않았다. 지금 바로 스펙을 뛰어넘을 수 있는 경험을 시작하자.

금융권 취업을 위해
반드시 해보면 좋은
대외활동

금융권 취업을 위해 어떤 활동을 하는 것이 좋은지에 대한 명확한 정답은 없다. 하지만 금융권 현직에 있으면서 그래도 금융권 취업에 도움이 된다고 느꼈던 몇 가지 활동들이 있다.

본 챕터에서는 독금사 멘토, 금융 학회 활동, 아동청소년 금융복지 교육사, 보험사 금융 아카데미, KUSEF 등을 소개하고자 한다.

독금사 멘토

아마 금융권 취업을 노리고 있는 사람 중 독금사를 모르는 사람은 없을 것이라 생각한다. 독금사는 '독하게 금융권 취업&자격증 준비하는 사람들'의 줄임말이다.

금융권에 원활하게 취업을 하고 싶다면 '멘토' 역할을 해봐야 한다. '독금사'에서 멘토는 금융권 취업에 대한 조언, 금융 자격증 취득 방법, 고민 상담 등에 대해 답변하는 사람이다.

'나도 취업을 못했는데 다른 취업 준비생에게 무슨 조언이야?'라고 생각할 수 있다. 이 활동을 통해 얻을 수 있는 가장 큰 부분은 '취업'에 대한 시각을 바꿀 수 있다는 것이다. 취업 준비생의 시각으로만 보는 것이 아니라 '만약 내가 채용담당자라면? 만약 내가 현직 담당자라면 어떻게 이 고민에 대해 이야기하지?'라는 생각을 해보는 것은 큰 의미가 있다.

본격적으로 해당 내용을 이야기하기 전에 '멘토'를 수료할 수 있는 기준에 대해 알아보자. 멘토는 보통 2~3달의 기간 동안 진행된다. 매주 1,000자 이상의 글을 작성 해야 하며 최소 30개 이상의 댓글 등을 작성해야 한다(기준은 종종 바뀔 때가 있다). 일정 수 이상의 댓글을 달기 위해서는 그만큼 사람들의 글을 읽고 답변을 생각해야 한다. 답변하기 위해서는 많은 정보를 검색하게 되고 그 안에서 알게 되는 정보들이 상당히 많다.

멘토를 수료하면 좋은 점이 크게 3가지가 있다.

첫째, 다른 대외활동과 병행하며 '수료증'을 받을 수 있다. 수료증은 이력서에 한 줄을 추가할 수 있는 요소다. 독금사 멘토는 온라인 카페 활동이기 때문에 시간 및 장소에 상관없이 진행할 수 있다. 따라서 동시에 다른 대외활동과 진행할 수 있다는 메리트가 있다.

모든 활동은 증명이 가능해야 한다. 만약 내가 스펙이 뛰어나다면 크게 증명하지 않아도 상관없을 수 있다. 하지만 대외활동을 많이 하지 않은 사람들에게는 서류상으로 증명하는 것이 굉장히 중요하다. 무엇보다 단기간의 활동으로 해당 증명서를 받을 수 있기 때문에 시간이 한정적인 취업 준비생에게는 큰 도움이 된다.

대외활동을 증명할 수 있는지 없는지는 상당히 중요한 문제다. 채용 공고문에도 '해당 활동을 증명할 수 있는 근거자료가 있을 때 기입 요망'과 같은 문구를 자주 확인할 수 있다. 일반적으로 취업 준비생이 최종 합격을 한 뒤에는 이력서에 기입한 내용들에 대한 증명 서류를 제출해야 한다. 필자가 면접관으로 있을 때 자료를 내지 못한 취업 준비생이 있었다. 이 취업 준비생은 실제로 하지 않은 대외활동을 마치 있는 것처럼 허위 사실을 기재했다. 지속적으로 서류를 제출하지 않아 해당 기관으로 확인해보니 거짓말로 확인되어 불합격 처리를 했다. 물론 실제로 그 활동을 진행했을 수 있다. 하지만 서류상으로 남지 않으면 그 대외활동을 진행했다고 해도 활용할 수 없다. 모든 경험은 다 소중하지만 스펙을 쌓기 위해서라면 증명 서류를 받을 수 있는 대외활동으로 진행하자.

둘째, 다양한 간접 경험을 할 수 있다. 멘토 생활을 하다 보면 상담을 위해 다양한 글을 읽어야 한다. 우선 멘토로 활동하다 보면 스펙 상담을 하는 사람들이 꽤 많다는 것을 알 수 있다. 스펙 상담을 하는 사람들 대부분이 입이 떡 벌어질 정도로 소위 말해 '엄친아'라고 불릴 만큼 좋은 스펙을 갖고 있다. 하지만 그 스펙 좋은 사람들도 불안해한다는 것을 알 수 있다. 이처럼 아무리 좋은 스펙을 갖고 있는 취업 준비생도 '불확실성' 앞에서는 고민을 한다는 것을 알아야 한다. 실제로 취업 준비를 하다 보면 내가 하는 이것이 맞는지 내가 준비한 것들이 부족한 것이 아닌지 불안함을 느끼는 경우가 굉장히 많다. 멘토 생활을 통해 나와 같은 고민을 하고 있는 사람들이 많다는 것만 알아도 든든함을 느낄 수 있다.

스펙 상담을 하는 사람들의 이력들을 찾아보면 공통적으로 나오는 자격증들이 있다. 이를 통해 '아 스펙이 좋은 사람은 저런 자격증을 갖고 있구나'라고 인식하고 만약 본인이 해당 자격증이 없다면 자신의 직무에 도움이 되는 자격증인지를 확인하고 취득하면 된다. 혹은 그와 관련된 정보를 얻어야 한다고 생각할 수 있다.

또 취업에 대한 자신만의 차별화된 방법을 실행해도 될지 질문하는 경우가 있다. 그렇게 물어오는 방법들 중 괜찮은 방법이 있다면 그것 역시 활용해도 된다. 또 본인이 실행한 방법이 있는데 잘되지 않는다는 상담글이 올라오기도 한다. 그 부분에 대한 답변을 하며 실패한 사례는 피해 가는 전략도 유효하다. 아무래도 시행착오를 줄일 수 있는 것은 취업 준비생에게 큰 도움이 된다.

마지막으로 독금사 카페에서 제작한 배포 자료들 중 필요한 자료를 바로 받아볼 수 있다. 아무래도 멘토는 해당 카페에서 가장 높은 등급에 속한다. 독금사와 같은 카페에서는 새로운 채용 시즌이 다가오면 취업 준비생들에게 필요한 자료들을 자주 제작/배포한다. 멘토는 해당 자료를 요청하면 바로 받을 수 있다. 보통 일반 회원이 자료를 받기 위해서는 어떤 이벤트적인 부분을 수행해야 하는데 그에 대한 시간을 줄일 수 있다. 멘토를 진행하면 또한 자료뿐만 아니라 문화상품권도 받을 수 있다. 소액이지만 해당 상품권은 문화생활이나 책 구매 등에 활용할 수 있다. 취업 준비생의 주머니는 가난하다. 적은 금액이지만 도움이 되는 것은 사실이다.

그 외에도 다양한 장점이 있다. 예를 들면 취업 준비를 하다 나태해지거나 절망할 때가 있다. 내가 취업에 대한 준비를 하지 않을 때에도 다른 사람들은 열심히 한다는 것을 멘토 활동을 진행하며 강제적으로 볼 수밖에 없다. 그때마다 '아 내가 지금 이렇게 나태해져도 되는 건가?'라는 생각을 하며 마음을 다잡게 된다. 사람은 분위기에 영향을 많이 받는다. 만약 본인이 매일 도서관을 다닌다면 열심히 공부하는 사람들만 보기 때문에 열심히 해야겠다고 생각을 할 것이며, 만약 매일 노는 곳에만 있으면 노는 사람들만 보이기 때문에 노는 것에 집중할 수도 있다. 우리는 눈에 보이는 사람들과 경쟁하는 것이 아니다. 취업은 결국 전국에 있는 모든 취업 준비생들과 경쟁하는 것이라는 것을 명심하자.

금융 학회 활동

금융권을 노리고 있다면 반드시 금융 학회는 가입해보길 바란다. 금융 학회에도 여러 가지의 협회가 있는데 필자는 그중에서 FCBFI에 대해 이야기를 하겠다. FCBFI의 경우 비용이 발생될 수 있다는 점은 참고하자. 개인적으로 이 대외활동 경험은 금융인으로서 살아가는 데 큰 다짐을 하는 계기가 되었다. 그 이유는 가장 큰 비용을 지불한 대외활동이기도 하지만 가장 열심히 활동했기 때문이다. 만약 금융권 취업에 강한 의지가 있고, 현업 종사자들의 업무를 간접 체험하고 싶다면 한번 도전해볼 필요가 있다고 생각한다. 물론 비슷한 과정을 필자가 운영하는 회사에서도 진행하고 있다. 현재 증권경제전문가와 증권경제 아나운서 과정을 운영하고 있기 때문에 관련된 문의가 있다면 언제든지 연락하길 바란다.

이 학회에서는 크게 5가지 활동을 진행했다. 국내외 경제지표 분석, 국내외 경제동향 분석, 블룸버그 기사 번역, 기업 분석 보고서 작성, M&A 피치북 작성으로 나눌 수 있다. 그 외에도 각종 팀 프로젝트 및 과제가 존재한다. 먼저 전반적인 운영 방식에 대해 이야기하고 구체적으로 각각의 내용들을 살펴보겠다.

과정별로 다를 수 있지만 금융 기본반을 기준으로 먼저 설명하겠다. 우선 아침 6시까지 학회 단체방에 기상 점호를 진행해야 한다. 금융권은 업무 특성상 정보를 빠르게 얻는 것이 중요하다. 보통 해외 정보들이 새벽에 쏟아져 나오기 때문에 일찍 일어나서 업무를 진행해야 한다. 실제로 필자도 매일 방송에 나가기 위해 늦어도 새벽 4시부터 기상해서 방송 준비와 글로벌 이슈를 체크한다. 새벽에 일어나서 점호를 하는 행동은 간접적으로 금융인이 가져야 할 마인드에 대해 조금이나마 이해할 수 있는 작업이라 생각한다.

학회의 운영 방식은 총 100점의 점수로 시작해서 가점은 없고 데일리 과제를 제출하지 못하거나 기상을 하지 못하는 등 학회에서 정한 운영지침을 제대로 수행하지 못하면 감점이 되는 식이다. 만약 성실하게 활동을 진행하지 않아 일정 이하의 점수로 하락하면 그 기수에서 퇴출되거나 다음 기수로 옮겨가는 구조이다. 이는 그만큼 확실하게 사람들을 관리하여 열정적으로 공부할 수 있는 분위기를 만들어준다고 보면 되겠다. 이런 학회의 시스템이 강압적이라고 생각할 수 있지만 개인적으로는 이 부분 때문에 더욱 열심히 진행할 수 있지 않았나 싶다.

지금부터는 총 5가지의 활동들을 한번 살펴보도록 하자.

■ 국내외 경제지표 분석 & 경기 동향 분석

국내외 경제지표 분석은 크게 증시, 환율, 시장지표 등으로 구성되어 있다. 예를 들어, 다우산업, 니케이225, 독일, 나스닥종합, 상해종합, 러시아 등 글로벌 주요 국가들의 흐름들을 파악한다. 또한 경제 상황을 판단할 수 있는 제조업 구매관리지수(PMI), 소비자물가지수(CPI), 생산자물가지수(PPI) 등 각종 지표들도 파악해야 한다. 환율의 흐름을 파악하여 안전 자산에 대한 선호도가 높아지는지 등 통화 흐름에 따라 각 경제지표의 흐름도 파악할 수 있다.

경기 동향 분석은 글로벌적으로 어떤 흐름들이 발생하고 있는지 파악하는 것으로 보면 된다. 예를 들어 FOMC에서 비둘기적인 발언을 하는지, 영국이 브렉시트 부결안에 대해 어떻게 진행하고 있는지, 중국이 경기부양책을 진행할 예정인지 등 시장의 흐름에 영향을 줄 수 있을만한 요인들을 찾아서 작성하면 된다. 그 부분들이 기사에 나타날 것이고 그날 증시에 큰 영향을 주기 때문이다. 가장 대표적인 예로 무역전쟁 이슈가 발생하고 관세에 대한 부분이 발생되자마자 국내 증시가 크게 흔들리는 모습을 보였던 것처럼 각 지표 및 이슈를 파악하는 것은 중요하다.

해당 지표와 주요 이슈를 확인하는 작업을 6개월 이상 지속하게 되면 전체적인 큰 흐름을 파악하는 것이 크게 어렵지 않게 느껴질 것이다. 면접시 어떤 질문이 나오더라도 편안하게 이슈와 경기 흐름 등에 대해 답할 수 있을 것이다.

네이버 증권을 활용하여 경제 이슈를 지속적으로 체크한다. 해당 내용을 본인이 가공하기 위해서는 블룸버그 단말기를 이용하거나 외신의 뉴스들을 빠르게 해석해서 정리해야 하는데 취업 준비생이 매일 이 부분들을 진행하는 것은 현실적으로 쉽지 않다.

1. 네이버에서 '네이버 증권'을 검색한 후 접속한다.

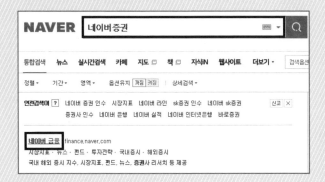

2. [투자전략]을 클릭한다.

3. [경제분석 리포트]를 클릭한 뒤 국내외 경제 이슈 리포트를 확인한다.

■ 블룸버그 기사 번역

실제로 블룸버그 기사 번역은 금융 회사를 다닐 때 매일 진행했던 과업이다. 학회에서 이 활동을 진행한 경험이 있어 수월하게 업무에 적응할 수 있었다. 일반적으로 외신을 살피는 이유는 정확한 이슈를 파악하기 위함이다. 물론 최근에는 국내 기사에도 해당 내용이 잘 나오고 있지만 아무래도 번역이 되어 나오는 것이기 때문에 원래 의도와는 다른 이야기가 나올 수 있다. 직무에 따라 다르지만 애널리스트와 연관된 직무를 하는 경우에는 반드시 번역을 통해 각 내용들을 스스로 이해할 필요가 있다.

블룸버그 기사 공부 TIP

1. 네이버에서 '블룸버그'를 검색하고 아래 사이트에 접속한다.

2. Search(돋보기) 부분을 클릭하고 최근 이슈가 되고 있는 키워드를 입력한다.

3. 최근 이슈가 되고 있는 기사를 확인하여 독해하고 그것을 국내 기사와 비교한다.

해당 작업들을 진행하다 보면 약간의 차이가 있다는 것을 파악할 수 있다. 무엇보다 기사가 나오는 시간보다 빠르게 정보를 획득할 수 있기 때문에 정보의 활용도가 높아질 수 있다. 실제로 웬만한 글로벌 증권 뉴스를 제공하는 업체들(증권사 등)이 제공하는 리포트는 결국 외신의 내용들을 가공하여 배포하는 것이기 때문에 직접 외신 뉴스를 분석하면 빠른 대응력뿐만 아니라 영어 부분도 챙길 수 있다.

■ 기업 분석 보고서 & M&A 피치북

기업 분석 보고서와 M&A 피치북의 경우 팀 프로젝트로 진행됐다. 기업 분석 보고서의 경우 삼성전자와 같은 유명한 기업들을 분석하는 과제가 진행된다. 보통 1주일의 짧은 시간을 제시하기 때문에 팀원들이 다소 무리를 해야 관련된 부분을 빠르게 제출할 수 있다. 필자의 팀 프로젝트의 경우 총 76페이지에 대한 삼성전자 보고서를 만들었다. 크게 삼성에 영향을 주는 글로벌 경제 동향, 각 사업 파트별 흐름, 기업 분석, 차트 분석, 전망, 리스크 관리 등으로 나눠서 진행했다. 특히 이 학회의 경우 밸류에이션 부분을 중요하다고 판단하고 있기 때문에 관련된 부분을 논리적으로 설명할 수 있게 추가적으로 리포트를 작성해야 했다. 1주일 뒤 현직 애널리스트들 앞에서 발표하고 피드백을 받았다. 해당 과제가 진행되는 동안에도 경제지표&경제동향분석, 블룸버그 기사 번역 등 데일리 과제는 지속적으로 진행해야 하기 때문에 쉽지 않은 일정이다. 하지만 이 과정을 진행하게 되면 성공적인 포트폴리오를 제작할 수 있기 때문에 긍정적인 결과물을 얻을 수 있다.

이처럼 학회 진행을 통해 실제로 금융권에서 경험할 수 있는 기본적인 실무를 익힐 수 있다. 해당 학회는 각 분야별로 교육 커리큘럼이 구성되어 있기 때문에 필요한 부분들에 따라 진행되는 과제 등이 다를 수 있다는 점은 참고하자. 중요한 것은 학회를 통해 실무에 대한 간접적인 부분을 체험할 수 있고 관련된 내용을 활용하면 자신의 개인 포트폴리오를 만들 수 있다는 점이다. 무엇보다 현직자의 조언을 얻을 수 있기 때문에 큰 도움이 되는 대외 활동이다.

아동청소년 금융복지 교육사

아동청소년 금융복지 교육사는 '싱크머니', 'JA코리아' 등 다양한 금융 교육 활동을 진행할 수 있다. 우선 싱크 머니의 경우 서울 YWCA에서 주관하는 프로그램이다. 이 단체에서 금융 강의를 진행하기 위해서는 숭실대학교 사이버 대학교에서 강의를 수강해야 한다. 강의를 통해 금융에 대한 전반적인 지식과 자산관리 부분을 집중적으로 배운다. 이 교육을 수료한 이후 금융교육 복지사들의 모임을 갖는다. 최우수 금융교육 복지사는 어떻게 해서 사람들과 잘 소통·교감하고 원활하게 강의를 진행했는지 수강하고 소감을 들을 수 있다. 이를 통해 유능한 강사의 소통 방법에 대한 노하우를 얻을 수 있다. 이후 전문 강사에게 금융교육 복지사가 가져야 할 태도 및 자세, 적절한 강의 스킬에 대해서도 교육을 받는다. 실무에 대한 교육이 진행되고 나면 실제로 중학교에 가서 강의를 진행한다. JA코리아의 경우 초등학교를 중점적으로 진행하고, 초등학교, 중학교, 고등학교, 일반인 등 각 단계별로 나눠져 있다.

금융 복지 강의를 진행하면 크게 3가지를 얻을 수 있다. 첫째, 지식을 공유하는 즐거움을 알 수 있다. 둘째, 교감과 소통의 중요성을 알 수 있다. 셋째,

전달력과 커뮤니케이션의 중요성을 알 수 있다.

필자는 첫 강단에 섰을 때의 느낌을 잊을 수 없다. 학생으로서 책상에 앉아 있는 것과 뭔가 전달하기 위해 교단에 서는 것은 확연하게 다르기 때문이다. 실제로 첫 강의를 진행할 때 똘똘한 눈으로 쳐다보는 학생들의 눈을 잊을 수 없다. 강의를 듣는 사람에게 자신이 알고 있는 것을 전달하는 것은 쉽지 않다. 강의는 최소 1시간 이상 진행된다. 우리가 일상생활에서 이야기하는 것과는 다르다. 강의를 하면서 1시간 혹은 2시간을 채우는 것은 생각보다 쉽지 않다. 수많은 PPT들과 내용들을 정리해야 하고 이것들을 이야기했을 때 청중이 알아들을 수 있는지 다양한 고민을 하게 된다. 최대한의 준비를 하고 리허설 과정까지 거치면 비로소 강의에 들어 간다. 청중들이 나의 이야기에 공감하고 소통했다는 것이 느껴지면 강의를 마치고 나오는 순간 그렇게 뿌듯할 수가 없다. 문제는 소통과 커뮤니케이션에 실패하면 최악의 경험을 할 수도 있다는 점이다. 대부분의 학생들이 자거나 다른 짓을 한다는 상상은 하기도 싫을 것이다. 소통과 교감을 잘 하기 위해서는 전달력과 커뮤니케이션이 특히 중요하다. 강의하기 전에 반드시 해당 부분에 대한 고민을 충분히 해야 한다.

강의를 통해 얻을 수 있는 역량은 금융권에서 활동할 때 큰 도움이 된다. 현직에서 일을 하다 보면 고객에게 금융에 대한 설명을 해야 할 일이 자주 생긴다. 고객의 눈높이에 맞춰 설명하기 위해서는 고객이 얼마나 많은 지식을 갖고 있는가를 알아야 한다. 강의 경험이 있다면 고객과의 라포 형성을 빠르게 진행할 수 있고 해당 내용도 순식간에 파악할 수 있다. 그리고 설명하는 동안 고객이 나의 설명을 잘 이해하고 있는지 확인하고 만약 그렇지 않다면 더욱 눈높이를 낮춰 이야기하는 센스를 얻을 수 있다.

물론 강의를 하지 않아도 소통을 잘 하는 사람이라면 이야기하는데 어려움이 없을 수 있다. 하지만 강의를 해본 사람과 하지 않은 사람의 차이는 꽤 크다고 자신할 수 있다. 강의를 통해 얻는 '소통/교감 능력', '커뮤니케이션 능력' 등을 활용하면 모든 상담에서 고객의 보다 더 큰 만족감을 끌어낼 수 있고 그 고객은 충성 고객이 될 수 있다. 충성 고객은 구전 마케팅을 통해 더 많은 고객을 창출하고 이를 통해 회사는 더더욱 성장할 수 있다. 금융권에서 원하는 역량들을 가질 수 있는 금융교육 활동, 지금 바로 경험하도록 하자.

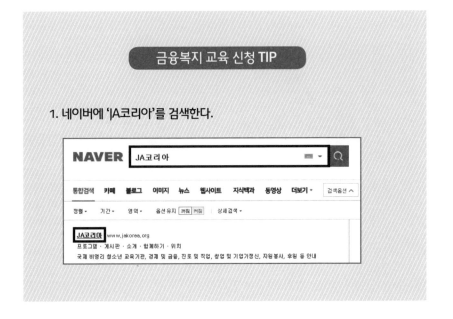

금융복지 교육 신청 TIP

1. 네이버에 'JA코리아'를 검색한다.

2. 홈페이지 하단의 [자원봉사 신청]을 클릭한다.

3. 살고 있는 지역을 선택한다.

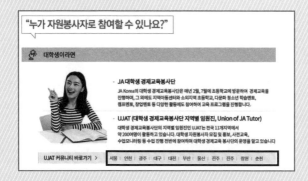

4. 해당 커뮤니티에 들어가 공지 부분을 확인하고 신청하면 된다.

보험사 금융 아카데미

금융권 취업뿐만 아니라 취업을 준비하기 위해 사람인, 인크루트, 잡코리아 등 다양한 취업 관련 사이트를 활용하다 보면 자신만의 '이력서'를 등록해야 한다. 몇 시간의 고생 끝에 이력서를 등록하고 나면 초반에 채용 관련 전화가 많이 온다.

하지만 기뻐하지 말자. 아마 대부분이 '보험' 분야일 것이기 때문이다. 취업 시즌이 다가오면 대부분의 취업 준비생들은 채용에 대한 불안감을 느낀다. 그렇기 때문에 면접 제안이 들어오면, 불안감을 이기지 못하고 면접을 신청하는 경우가 있다. 물론 면접에 대한 궁금증을 갖기 때문이 신청하는 경우도 종종 있다. 하지만 이 경험은 한 번 정도면 괜찮지만 그 이상은 할 필요가 없다. 이후에 관련된 전화가 온다면 딱 잘라 이야기할 필요가 있다.

경우에 따라 약간의 차이가 있지만 전화상으로 먼저 '영업관리자' 직군 혹은 'FC', 'FP' 관련 직군으로 채용을 진행할 것이라고 이야기를 한다. 그리고 관련된 직무에 대해 소개도 하고 이해도를 높이기 위해 '채용설명회'를 반드시 참여해야 면접 기회가 있다고 이야기한다. 아무래도 취업에 불안감을 갖고 있는 취업 준비생들에게는 혹하는 제안일 수 있다.

하지만 실제로 직무설명회를 참석하면 강의에 대한 내용보다는 다른 부분에 대한 이야기를 많이 한다. 보험 영업에 대한 성공적인 스토리, 연봉 등 화려한 부분만을 이야기한다. 그런 내용에 취업 준비생의 마음이 설레기도 한다.

당연하다. 지금 바로 여러분 앞에 성공한 사람이 있다. 근데 그 사람이 억대 연봉에 도달하는데 1~2년이면 충분하다고 이야기한다. 사회 경험이 적은 취업 준비생은 쉽게 흔들릴 수 있다. 하지만 실제로 그렇게 억대 연봉으로 넘어가는 사람은 굉장히 드물다. 선천적으로 영업에 특출난 사람들의 경우 직무설명회에 나오는 사람처럼 잘 될 수가 있다. 가능성이 전혀 없는 것은 아니다. 하지만 만약 모든 사람이 1~2년 만에 억대 연봉을 이룬다면 삼성전자보다는 보험회사가 가장 들어가기 힘든 회사로 유명해졌을 것이다.

이런 부정적인 이야기를 하면서 보험사 금융 아카데미를 추천하는 이유가 3가지 있다. 첫째, 전반적인 금융 흐름에 대해 이야기해준다. 교육적인 측면으로 봤을 때 보험사 금융 아카데미는 괜찮은 커리큘럼을 갖고 있다. 글로벌 경기의 흐름을 전반적으로 파악할 수 있다. 아무래도 현업에서 근무하는 사람들도 상품을 판매하기 위해서 어느 정도 전반적인 금융 지식이 필요하기 때문이다. 준비를 시작한 지 얼마 안 된 금융권 취업 준비생일 경우 큰 도움이 될 수 있다. 거시 경제를 파악한 이후에는 현재까지의 금융 패러다임의 변화와 앞으로 다가올 미래에 대해서 이야기를 한다. 전반적으로 금융 상품 및 재무 설계에 대한 기초를 배울 수 있다.

혹시 금융권에 취업하는 것을 포기하더라도 앞으로 살면서 보험에 대한 접근 방식이나 어떤 패러다임으로 상품이 만들어졌는지 대략적으로 파악할 수 있는 기회가 흔치는 않다. 게다가 이 대외활동을 하면 좋은 것은 DISC 검사를 진행하기 때문이다. DISC 성격유형 검사를 받으면 본인의 진로를 설정하는 데도 큰 도움이 된다. 앞에서도 강조했지만 자기 자신을 아는 것은 중요하다. 아무래도 나의 행동에 대한 내용을 활용하여 자기소개서를 작성하면 보다 효율적으로 자신을 어필할 수 있기 때문이다. DISC 검사는 일반적으로 유료로 진행된다. 하지만 금융 아카데미를 활용하면 무료로 진행할 수 있다. 2번의 보험사 금융 아카데미 중 한 번만 DISC 검사를 진행하기 때문에 과정 커리큘럼 중 DISC 검사를 하는지 확인하는 것이 좋다.

둘째, 보험 현업에서 근무하는 사람들의 이야기를 들을 수 있다. 사실 보험업 하면 인식이 좋지 않은 것이 사실이다. 이 대외활동을 진행하면 현직 'FC' 혹은 'FP'가 교육을 진행한다. 이들은 보험업 최전선에서 영업 활동을 진행하는 사람이다. 따라서 해당 사람들의 영업 스토리를 들으면 영업 노하우를 파악하는 데 도움이 된다. FC나 FP에 대한 부정적인 시선이 많은데 왜 '부정적인 시선을 갖고 있는 해당 직무'에 지원했고 근무하게 됐는지 들을 수 있다. FC 혹은 FP가 되라는 것이 아니다. 다른 사람은 어떻게 직무 설정을 했는지 들어보는 것은 본인의 미래를 설정하는 데 활용할 수 있다. 필자의 지인들 중에도 FC로 근무하는 사람이 있다. 그 친구도 처음에 자리 잡기 위해 초반에 고생을 많이 했다. 약 2~3년 동안의 힘든 시기를 지난 이후 지금은 그래도 어느 정도 고객이 있는 것으로 알고 있다. 이 사람은 영업 라인을 뚫기 위해 주변에 있는 모든 회사, 카페 등을 돌아다니며 사람들에게 일일이 영업을 진행했다. 그 친구가 지나고 나서 한 이야기가 있다. '영업이 왜 발로 뛰는 것인지 정말 현장에 나가보면 이해된다. 그곳은 전쟁터다. 내가 아무것도 가지지 않았다는 생각만 하지 말고 내가 판매하는 상품에 상대방이 어떻게 하면 관심을 가질지 생각해보라.'라고 이야기했다. 이처럼 해당 업무를 진행하는 도중 겪는 어려움, 필요한 것들을 파악하면 앞으로 금융권에서 활동할 때 얻어야 할 역량들에 대한 이정표를 설정할 수 있다.

셋째, 영업 노하우를 배울 수 있다. 최근 방카슈랑스 등 금융통합화가 진행이 되면서 어디에서나 보험을 겸해서 판매할 수 있는 시대가 도래했다. 실제로 금융 회사에 들어갔을 때 실적의 한 큰 부분으로 작용할 수 있기 때문에 '보험 영업'을 배워서 나쁠 것은 없다. 실제로 '부정적' 시선을 갖고 있는 보험업에서 영업을 하는 사람들은 어떻게 고객과 라포를 형성하는지 파악할 수 있다. '영업'은 자신이 갖고 있는 것 혹은 남이 필요한 부분을 찾아 부각시켜 그것을 판매하는 행위이다. 시의적절하게 상대방이 원하는 것을 제시하지 않는다면 영업은 실패할 가능성이 크다. 영업에 대한 노하우는 보험뿐만 아니라 다양한 부분으로의 활용이 가능하기 때문에 노하우를 체득하면 분명 도움이 된다.

금융권에서 가장 중요하게 보는 역량 중 하나가 '영업'이라는 것은 모두 다 알고 있을 것이다. 단순히 '이렇게 하면 좋아'에서 끝나는 것이 아닌, 보험 설계사가 직접 A부터 Z까지 어떻게 고객을 창출하고 잠재 고객을 가망고객으로 그리고 충성 고객으로 바꾸는지, 사후관리는 어떻게 진행하여 고객의 이탈을 막는지에 대해 자세하게 들을 필요가 있다. 물론 설명을 듣다 보면 과장된 내용이 있을 수 있기 때문에 '이게 정말 사실이야?'라는 생각이 들 수도 있다. 모든 내용이 마찬가지지만 걸러서 들으면 된다. 만약 이 대외활동을 진행한다면 반드시 실제 사례들을 듣고 메모해 두도록 하자.

KUSEF

KUSEF에서 주관하는 프로그램 중 'ERL(Economics Reader & Leader)'이라는 프로그램이 있다. 한국경제신문사에서 주관하는 활동이다. 이 활동 중 가장 의미 있게 배운 내용은 바로 '신문 읽는 방법'이다. 신문에도 읽는 방법이 있다는 사실이 놀라웠다. 신문에서 1면부터 마지막 면까지 배치가 어떤 의미로 구성되어 있는지에 대해서 생각해보지 않았다면 꼭 한번 들어보길 바란다. 신문에서 글의 배치를 익히면 신문의 내용을 이해하고 파악하는데 큰 도움이 된다. 또한 신문에 실리는 모든 내용들이 진실이라고 이야기하지 않고 곳곳에 숨어 있는 내용들에 대해 이야기한다. 이 대외활동을 통해서는 세상을 바라보는 시각이 확실히 넓어진다는 것을 느낄 수 있다. 각종 이슈에 대해 왜 관심을 가져야 하는지 그리고 이 내용들이 얼마나 큰 영향을 줄 수 있는지 알 수 있다.

이 활동을 하기 위해서는 간단한 지원서를 작성해야 한다. 500자 내외의 자기소개서와 본인이 경험했던 대외활동, 친구들과 함께 한 사진 등 자신의 삶을 보여줄 수 있는 내용을 기재하여 작성해야 한다. 지원서는 일반적으로 담당 PD가 직접 확인한 후 합격 리스트를 관련 사이트에 게시한다. 지원서를 통해 합격해야 진행할 수 있는 대외활동이기 때문에 자신의 현 상황을 다시 한번 점검할 수 있는 좋은 계기가 되기도 한다. 이 대외활동은 상황에 따라 불합격할 가능성도 크다. 실제로 2~3번 만에 합격하여 해당 활동을 진행한 지인들도 적지 않다.

ERL의 경우 2달 정도의 기간 동안 교육을 진행한다. 2달 동안 각종 경제 연사들, 한국경제신문사 사람들을 초청하여 강의를 진행한다. 해당 대외활동의 경우 팀 별로 자리가 구성되어 있어 네트워크도 활발하게 형성할 수 있다. 교육을 받는 것은 편안하게 진행되지만 과제가 있기 때문에 교육 내용을 필기하는 것이 좋다.

대부분의 대외활동도 마찬가지겠지만 ERL 역시 수료 과정이 까다롭다. 수료 기준은 크게 출석 점수, 과제 점수, 팀 발표 3가지로 나눠져 있다. 출석 점수가 가장 크기 때문에 출결 부분을 확실하게 체크해야 한다. ERL 교육 과정 도중에 2번의 홍보 미션을 진행할 수 있다. 홍보 미션은 선택 사항인데 홍보 미션을 진행하면 추가적인 점수를 주기 때문에 결석이나 지각을 한 사람들도 점수를 만회할 수 있다. 홍보 미션은 페이스북 등 SNS 채널에 ERL에 대한 홍보를 진행하거나 학교 홈페이지 등에 게시글을 올리고 이를 스크린 샷으로 찍어 담당자에게 보내면 확인받을 수 있다.

ERL을 경험하고 나면 크게 3가지에서 도움이 된다. 첫째, 다양한 시각으로 이슈를 바라보게 된다. 신문 읽는 법과 다양한 연사들의 다른 시각을 배우게 되면 미디어에 나오는 정보들이 전부 사실이고 왜곡이 없다는 생각은 더는 하지 않게 된다. 앞서 설명한 것처럼 실질적인 내용들을 통해 미디어에 나오는 정보들이 다 사실이 아닐 수 있다는 것과 보도의 내용이 오히려 해학적으로 표현됐기 때문에 부정적으로 강조하는 것일 수 있다는 것을 알게 된다. 이 부분을 깨닫게 되면 스스로 어떤 정보를 접하게 됐을 때 그 사실 여부와 다양한 가능성을 열어보게 된다. 예를 들면, 무역전쟁에 대해 이야기할 수 있다. 표면적으로 봤을 때 무역전쟁은 미국과 중국이 자국의 이익을 위해 경쟁하는 것이다. 단순히 '아 무역전쟁으로 미국과 중국이 치열하게 이야기를 나누고 있구나'에서 끝나는 것이 아니라 '무역전쟁으로 미국이나 중국에서 이룰 수 있는 것은 무엇일까? 도대체 무엇을 얻기 위해 전 세계적으로 큰 파장을 주는 행동을 하는 것일까?'라고 생각하고 해당 사항들이 각각 어떤 부분에서 영향을 줄 수 있는지를 파악해야 한다. 또 우리나라의 경제에 어떻게 영향을 주고 있고 리스크가 해소가 됐을 때 어떤 방향으로 나아갈 수 있는지 파악한다면 단순히 표면적인 부분만 보는 사람과는 모든 부분에서 다르게 생각하고 접근 대응할 수 있다.

둘째, 인적 네트워크를 챙길 수 있다. 일단 ERL 합격자 명단을 보면 좋은 학교 학생들이 생각보다 많고 다양한 학교의 사람들이 모였다는 것을 알 수 있다. ERL은 팀 단위로 같이 앉기 때문에 적어도 자기 테이블의 사람들의 네트워크는 챙겨갈 수 있다. ERL에 오는 사람들의 경우 뚜렷한 목표를 갖고 있거나 자기 계발을 위해 꾸준히 노력하는 친구들이 생각보다 많다. 치열하게 사는 사람들을 곁에 많이 두면 둘수록 자신에게도 긍정적인 요인으로 작용한다. 또 같이 다른 대외활동을 진행하거나 자신이 경험했던 대외 활동들 중 괜찮았던 대외활동을 공유하며 시너지를 낼 수 있다. 같은 직군에 지원하는 사람을 만난다면 같이 스터디 등을 진행할 수도 있다. 금융권에서 인적 네트워크를 확보하고 있다는 것은 추후 큰 도움이 된다.

마지막으로 ERL을 수료하면 노마디아 등 타 대외활동을 진행하는 데 있어 우대 효과를 받을 수 있다. ERL은 많은 대외활동을 진행한다. 일반적으로 ERL을 수료한 사람의 경우 지원하면 바로 다른 대외활동을 할 수 있다는 점, 다양한 대외활동이 있다는 것을 알 수 있다는 점이 큰 도움이 된다. 연속적으로 5~6개의 대외활동을 진행하게 되면 더 많은 네트워킹과 활동을 만들 수 있고 단기간에 많은 경험을 쌓을 수 있다. 대외활동을 통한 또 다른 대외활동을 진행할 수 있는 것들을 찾아보자. 단순히 시간을 보내서 받는 수료증은 의미가 없다. 이왕 하는 경험 더 도움이 되는 것들을 찾아보고 의미 있는 시간을 보낼 필요가 있다는 것을 명심하자.

인턴 경험 쪼개기!

금융권 취업을 위해 금융권에서 인턴을 하는 것이 좋지만 꼭 금융권이 아니어도 크게 상관은 없다. 그 이유는 인턴이나 아르바이트는 짧은 기간 동안 진행되기 때문이다. 2~3개월 동안 심화 업무를 경험하기는 쉽지 않다. 하지만 전반적인 업무 흐름 및 분위기를 파악할 수 있어 취업 준비생에게는 큰 도움이 된다. 자신이 지원하고 싶은 부분과 관계가 없더라도 '인턴'은 사회생활을 하는 것이기 때문에 도움이 된다. 따라서 기회가 닿으면 '무조건' 경험하자는 이야기를 하기 위해서 금융권이 아니어도 상관없다고 언급했다.

금융권을 노리는 취업 준비생은 금융권이 아니기 때문에 인턴 기회가

와도 경험하지 않는 사람이 생각보다 많다. 하지만 '역량' 부분으로 나눠서 생각한다면 금융권에서 일할 때 필요한 역량을 얻을 수 있는 일이라면 인턴 및 아르바이트 등 크게 상관없이 무조건 경험하는 것이 좋다. 물론 실무를 경험할 수 있으면 가장 좋겠지만 금융권 인턴은 최근 '금턴'이라 불릴 만큼 기회를 얻는 것이 쉽지 않다. 따라서 '역량'에 초점을 맞춰서 인턴 및 아르바이트를 진행하면 된다. 모든 경험은 많을수록 좋다. 자신이 경험하지 못한 것을 경험하면 보이는 시각과 생각이 달라지기 때문이다. 본 장에서는 비금융권 인턴과 금융권 인턴, 2가지를 소개하고 해당 인턴 경험을 통해 어떤 것들을 얻었는지 확인해보자.

비금융권 인턴 - 서비스 회사

필자는 금융권에서 가장 중요한 기본적인 요소 중 하나는 '서비스'라고 생각한다. 그리고 그 생각은 실무에서 큰 힘을 발휘했다. 물론 고객과 대면하는 업무가 아닌 직무를 맡게 될 수도 있고 그런 직무를 희망할 수도 있다. 하지만 고객과 소통하고 교감하여 상품을 개발하고 거래를 맺는 일련의 행동이 많기 때문에 '서비스'는 반드시 챙겨야 한다고 생각한다.

서비스 능력을 채우면 입사 지원할 때 '영업력'을 특히 어필할 수 있다. 금융 회사에서는 아무래도 '영업력'을 우선시하여 볼 수밖에 없다. 최근에 왜 CR 부분을 더욱 강조하는지 짚어 본다면 서비스의 중요성을 더욱 생각할 필요가 있다. 채용담당자는 취업 준비생이 일반적인 서비스 아르바이트(카페, 영화관 등)으로 서비스 능력을 어필하면 다른 사람과 차별성이 없다고 느낄 수 있다. 그 이유는 대부분의 취업 준비생이 비슷한 경험을 작성할 것이기 때문이다. 필자는 차별성을 두기 위해 우선 이론적인 부분을 공부하기 시작했다. 국가 공인 자격증인 'CS Leaders 관리사' 자격증을 취득했지만 이론적인 부분으로는 서비스를 명확하게 파악할 수 없다고 생각했다. 실무 경험이 필요하다고 생각이 들어 서비스 회사에서 근무할 수 있는 기회를 만들었다.

　서비스 회사에서는 2달간 근무했다. 운이 좋아 2달 동안 실무에 대한 업무를 진행할 수 있었다. 크게 5가지 일을 진행했는데 그것들은 다음과 같다. ① 현대 기아차 서비스 매뉴얼 작성 ② 백석대학교 특성화 사업 기초자료 수집 및 정리 ③ 은행별 서비스 모니터링 및 보고서 작성 ④ 올리브영 미스터리 쇼퍼 활동 및 서비스 제안서 작성 ⑤ SPC 사내 대학 서비스 매뉴얼 교안 작성이다.

　우선 첫째, 현대 기아차 서비스 매뉴얼 작성을 통해 얻을 수 있었던 것은 대기업이 어떻게 서비스를 진행하는지에 대한 시각이다. 적어도 취업 전에 '금융권에서 근무하면서 이 정도 서비스를 제공하면 고객이 만족할 수 있겠다'라는 생각을 했다. 그리고 업종별 기본적인 서비스 흐름에 대해 익힐 수 있었다.

어떤 회사나 아르바이트를 다니든지 간에 다니면서 얻은 경험은 자세하게 기록할 필요가 있다. 적어도 어떤 직무를 맡았고 그를 통해 무엇을 얻었는지를 작성하면 포트폴리오를 만드는 데도 큰 도움이 된다.

필자는 서비스 회사에서의 모니터링 업무를 전문적으로 진행했다. 시중은행에서 모니터링을 진행할 땐 '미스터리 쇼퍼'로 진행하는 것이 좋다. 미스터리 쇼퍼란 고객을 가장하여 매장 직원의 서비스 등을 평가하는 사람을 말한다. 일반 고객으로 가장하여 점원의 친절도, 판매기술, 사업장의 분위기 등 개선점을 제안하는 일을 하는 사람이다. 미스터리 쇼퍼로 가장해서 가야 하는 이유는 모니터링을 하기 위해서 왔다고 이야기를 하면 평소의 모습이 아닌 가식적인 부분으로 행동을 할 수 있기 때문이다.

미스터리 쇼퍼로 시중은행을 갈 때는 여러 시나리오를 생각하고 가면 좋다. 예를 들면 신분증을 두고 가는 것이다. 일반적으로 신분증이 없으면 금융업무를 진행하지 못하는 경우가 많다. 혹은 은행원의 응대에 불만이 있는 상황을 만들어 어떻게 대응하는지를 지켜볼 수 있다. 본인이 은행원으로 근무할 때 고객의 행동에 당황할만한 내용들을 생각해서 모니터링 업무에 적용하면 좋다. 물론 '예외'에 해당되는 부분이기 때문에 평소의 서비스 행동을 중점적으로 체크를 진행한 뒤 추가적으로 진행하면 좋다. 서비스 모니터링은 은행을 예로 들어보겠다.

서비스 모니터링 작성은 하드웨어, 소프트웨어, 휴먼웨어 3가지로 나눠 진행하는 것이 좋다. 우선 하드웨어에 대해서 설명을 간단하게 해보자면, 은행의 구조물에 대한 부분을 언급하면 된다. 정수기 위치, 의자 등이 고객들이 편안하게 사용할 수 있게 배치되어 있는지, 또 의자에 앉아있을 때 업무 처리하는 과정 등을 잘 파악하여 나의 순서를 확인할 수 있는지, 팸플릿 등이 손에 닿기 쉬운 위치에 있어 고객이 접하기 쉬운지 등을 체크하면 된다. 아마 은행의 경우에는 이런 하드웨어 부분은 거의 유사하다고 봐도 무방하다. 하지만 약간의 차이점이 발생할 수 있다. 같은 은행의 지점별 모니터링의 경우 차이점이 없을 수 있지만 다른 은행과의 하드웨어 차이를 살펴보면 다른 점이 있다. 예를 들면, '번호표'이다. 우리은행의 경우 번호표에 설립 연도가 나와 있어 오랜 기간 운영됐다는 부분이 강조되어 있다. 기업은행 번호표에는 상품에 대한 설명이 있다. 각 은행별로 번호표에서도 마케팅을 하는 경우가 있고 신뢰도를 끌어내는 부분으로 활용할 수 있다. 이런 은행별 다른 부분에 대한 정리를 해두었다가 입사 시 포트폴리오로 제출할 수도 있다. 같은 은행 안에서도 지점별로 차이가 있을 수 있다. 상업지역 혹은 주거지역인지에 따라 이용하는 고객들의 수와 업무 부분도 다르기 때문이다. 이러한 부분을 자기소개서에 언급하거나 면접 전형에서 이야기한다면 좋은 점수를 받을 수 있다.

'소프트웨어' 부분도 살펴보자. 소프트웨어는 업무 처리 과정이라고 설명할 수 있겠다.

이처럼 각 프로세스에 대한 평가를 통해 업무가 수월하게 진행되는지를 파악하는 것이 소프트웨어의 핵심이다. 병목 현상이 발생하는지, 만약에 발생하면 그 이유는 무엇이고 어떻게 해결할 것인지에 대해서 고민한 후 이에 대해서 제안하는 것이 소프트웨어 부분을 작성하는 포인트라고 생각하면 되겠다.

마지막으로 휴먼웨어이다. 업무를 볼 때 직원이 하는 모든 행동을 감시해보면 된다. 각 부분에 대한 응대 멘트가 올바르게 진행되고 있는지, 고객의 질문이나 응답에 성의가 있는지 등을 파악해보면 된다. 아무래도 금융업도 서비스 직종이기 때문에 이 휴먼웨어 부분이 굉장히 중요하다. 최근에는 모든 직업이 서비스에 대한 기대감이 높아지고 있는 상황이기 때문에 휴먼웨어 부분을 중심적으로 살펴보고 이를 활용하여 서비스 매뉴얼을 작성하고 자신만의 서비스 원칙을 만들어본다면 취업에 큰 도움이 될 것이다.

〈모니터링 작성 방법 〉

회사명 :	칭찬할 점	개선해야 할 점
하드웨어		
소프트웨어		
휴먼웨어		

부록에 실제로 작성했었던 모니터링을 첨부하겠다. 참고하여 작성해서 포트폴리오로 만든다면 분명 향후 큰 도움이 될 것이다.

금융권 인턴 – 농협

이번에는 실질적으로 연관이 있는 금융권 인턴에 대해 알아보자. 사실 은행 인턴의 경우 기업은행을 제외하고는 '실무' 경험을 하기가 쉽지 않다. 농협 인턴의 업무는 ① 고객 창구 안내 및 번호표 제공 ② ATM 업무 지원 ③ 은행 서류 업무 보조 ④ 금융 상품 세일즈 미팅 ⑤ 은행 모니터링이다.

① 고객 창구 안내 및 번호표 제공

은행은 많은 고객이 오는 곳이다. 각 지점별 차이가 있지만 상권에 근접한 은행은 주거지역에 있는 은행보다 상대적으로 사람들이 많다. 주거지역보다 상업지역의 경우 은행과 관련된 회사의 업무가 많기 때문이다.

은행의 경우 수신과 여신의 창구에서 진행하는 업무가 다르다 보니 자신이 어떤 업무를 보러 왔는지 확인하고 빠르게 창구로 옮기는 것이 중요하다. 서비스 모니터링 보고서에서도 봤겠지만 일정한 프로세스 안에서 '병목 현상'이 발생하면 뒤의 업무 흐름이 느려질 수밖에 없다. 은행원은 고객이 많을 경우 실질적으로 고객 응대하느라 정신이 없다. 그렇기 때문에 창구에 있는 은행원이 로비에 있는 사람들을 신경 쓰기가 쉽지 않다. 그렇기 때문에 일반적으로 은행에서 '로비 매니저' 혹은 '청원 경찰'이 근무한다. 청원 경찰은 번호표를 제공하고 순서를 지켜 고객들의 불만을 줄인다. 이런 세세한 행동 하나하나가 고객 만족으로 이어질 수 있다. 모든 업무에서 기반이 되는 부분이기 때문에 이러한 경험을 한다면 고객들을 대처하는 부분에서 큰 도움을 받을 수 있다.

② ATM 업무 지원

특히 농협의 경우 나이가 든 고객들이 오는 곳이기 때문에 ATM 기기를 잘 다루지 못하는 경우가 많다. 나이가 든 고객들은 ATM 기기를 잘 활용하지 못하기 때문에 창구에서 업무를 보기를 원한다. 이로 인해 대기시간이 늘어날 수밖에 없다. 고객들에게 '왜 ATM기기를 사용하지 않나요?'라고 물었다. 고객은 '궁금한 것을 물어볼 수 있다는 것도 있지만 ATM 기기를 다루는 게 어렵기 때문에 제대로 된 업무를 수행하기 어렵다'라고 대답했다. 만약 은행에서 청원 경찰이나 인턴으로 근무할 기회가 생긴다면 ATM 업무를 도와주는 작업을 진행하기를 바란다. ATM으로는 각종 공과금 관련된 부분도 수납할 수 있다. 우선적으로 고객에게 어떤 업무를 보기 위해 은행에 방문했는지 물어본다. 고객이 필요한 업무에 대한 내용을 확인하고 ATM 기기에서 처리할 수 있는 내용은 빠르게 처리하는 것이 좋다. 이 부분을 지점장 및 은행원들이 지켜볼 수 있고 인턴이 끝날 때 추천이나 추천서를 받을 수 있다. 이는 취업에 도움이 되는 부분이다. 또 ATM 기기 업무를 진행하다 보면 지폐가 부족한 경우도 있고 관련된 업무를 어떻게 진행하는지 지켜볼 수 있다. 세세한 업무에 대한 지식은 자기소개서 등에 활용하는 데 큰 도움이 된다. 매일 은행원들은 출근한 이후 ATM 기기 확인 및 관리를 진행한다는 것도 알 수 있다. 해당 부분도 인턴을 경험한다면 익힐 수 있다.

③ 은행 서류 업무 보조

'은행은 셔터를 내린 다음부터가 시작이다'라는 이야기가 있다. 그 말대로 은행원들은 셔터를 내린 이후에 본격적으로 업무를 시작한다. 외부에서는 셔터가 내려진 다음에 업무들을 정확하게 알 수 없기 때문에 인턴

생활을 통해 확실하게 파악할 수 있다. 전표 관리부터 시작해서 정말 다양한 일들을 진행한다. 보험 서류, 전표 서류 등 다양한 장부들을 확인할 수 있고 해당 작업들이 어떻게 진행되는지를 파악하고 해당 내용을 자기소개서 혹은 면접에서 어필한다면 큰 도움이 될 수 있다.

④ 금융 상품 세일즈 미팅

'금융권은 영업의 꽃이다'라는 이야기에서 알 수 있듯이 은행에서는 실적을 위한 미팅을 종종 진행한다. 물론 모든 지점이 같은 활동을 하지는 않겠지만 적어도 필자가 경험했을 땐 오전에 커피를 마시는 다과 시간을 가지며 영업 세일즈에 대한 교육 및 회의를 진행했다. 지점장이 은행원에게 '이 상품을 어떻게 팔 거야?'라고 물으면 해당 직원들은 어떻게 고객에게 상품을 설명하고 어떤 '중요한 포인트'를 잡아 상품 판매를 할 것인지에 대해 의견을 교류하고 발표하는 시간을 가졌다. 해당 부분을 보는 것만으로도 많은 영업 노하우를 배울 수 있어 도움이 됐다. 더불어 인턴 활동을 하는 와중에도 상품판매 고객이 있을 때 곁에서 같이 들으며 고객의 상태 등을 파악하여 영업에 대한 노하우들을 배울 수 있다.

⑤ 은행 모니터링

새벽부터 오후 활동까지 은행의 전반적인 업무 흐름에 대해 파악할 수 있다. 은행 모니터링을 통해 얻을 수 있는 것은 업무적인 측면뿐만 아니라 본인이 생각했었던 일과 실제로 진행하는 업무의 괴리감을 줄여 시행착오를 줄일 수 있다는 점이다. 취업 준비생이 볼 수 있는 부분은 각 직업별 겉으로 보이는 화려한 부분뿐이다. 하지만 실무적인 부분을 실제로 2달 정도 쭉 지켜보다 보면 '아, 이 길은 내 길이 아니구나. 금융권의 다른 부서로 생각해봐야지'라고 생각할 수도 있다. 시행착오를 줄이는 것은 중요하다. 앞에서도 설명했지만 어떤 직무를 목표로 해서 취업을 준비하는 것에 따라 포트폴리오 등이 달라질 수 있기 때문이다. 시행착오를 줄이는 것은 바로 '시간'을 버는 것이다.

시간은 곧 기회다.

인턴 경험을 중시하는 이유는 실무적인 부분에 대해 다른 지원자보다 빠르게 적응할 수 있는 부분도 있지만 자신의 성향과 맞는지도 파악할 수 있기 때문이다. 금융권 인턴의 경우 근무 기간 중 있었던 에피소드를 정리할 필요가 있다. 각각의 상황들을 정리하고 이에 대한 내용을 자기소개서로 1,000자로 정리해두면 관련된 항목에서 활용하기 좋다. 예를 들어보자.

[주요 스토리 라인]

인턴으로 근무하는 도중 아이와 함께 온 젊은 엄마 고객님이 있었습니다. 고객님께서 중요한 일을 편히 보실 수 있도록 창구에서 업무를 보는 동안에 아기에게 과자를 주고 장난하며 친절하게 놀아 주었습니다. 덕분에 급한 업무 처리를 해야 했었던 고객님은 제한 시간 내에 업무를 성공적으로 처리했고, 이에 대해서 거듭 감사함을 표현했습니다.

해당 내용을 자기소개서로 만들면 다음과 같다. 해당 내용은 문제해결 능력, 서비스 능력 등 다양한 항목에서 활용할 수 있다.

[진정한 고객 서비스란 고객의 입장에서 모는 것을 보는 것이다]

고객이 원활한 업무를 볼 수 있게 하는 것, 그것이 진정한 고객만족이라 생각합니다. NH농협에서 인턴으로 근무할 때, 아이와 함께 온 엄마 고객이 있었습니다. 아기는 상담 시간이 길어지니 칭얼거리기 시작했습니다. 아이를 달래기 위해 엄마 고객은 아이에게 지속적으로 신경을 썼고 이에 원활한 업무가 진행이 되지 않았습니다. 엄마 고객은 상담에도 집중하지 못하고 아이에도 집중하지 못해 난감해하고 있었습니다. 이를 본 저는 엄마 고객에게 양해를 구하고 아이와 놀아주기 시작했습니다. 아이가 좋아할 만한 캔디와 과자를 엄마 고객에게 의견을 물어보고 줬습니다. 또 장난을 하며 고객이 업무를 보는 동안 아이와 재미있게 놀아줬습니다. 덕분에 엄마 고객은 급한 업무를 빠르게 은행원과 상담하여 해결할 수 있었습니다. 창구에서 발생한 '병목 현상'도 신속한 업무 처리를 통해 해소됐습니다. 그 엄마 고객은 '중요한 업무가 있었는데, 아이를 돌봐주셔서 감사하다'고 말했습니다. 그리고 이 사례에 대해 SNS에 홍보해줬습니다. 그 결과 농협 안에서 친절 서비스 지수가 올라가 지점의 위상이 크게 증가했습니다. 그 이후로도 엄마 고객은 자주 은행을 방문하며 지속적으로 눈인사를 해줬고 음료수 등을 주며 '그때 너무 고마웠어요. 주변에 많이 이야기하고 있어요'라고 말씀해 주셨습니다.

저는 이 경험을 통해 '고객 만족'에 대해 다시 한번 생각해 봤습니다. 진정한 고객 만족이란 고객이 도움이 필요한 순간에 먼저 나서서 도와주는 것이라 생각합니다. 고객 만족을 통해 일반 고객이 충성 고객이 되면 회사에 큰 도움이 됩니다. 충성 고객은 쉽게 은행을 바꾸지 않고 주변 사람들에게 자신의 사용하고 있는 은행에 대해 홍보를 해줍니다. 이 활동들은 결국 실적에 큰 도움이 되고 외형성장하는 데 도움이 됩니다. 앞으로도 이 경험을 활용하여 OO 기업의 충성 고객을 만드는 현장에 있겠습니다.

다른 예를 들어보자. 농협이기 때문에 아무래도 젊은 층보다는 어르신들이 많은 이용을 한다.

공모전, 하루라도 빨리
도전해보자

공모전, 생각만 해도 긴장될 수 있다.

'저런 걸 할 수 있을까?'

하지만 우리는 시간의 여유가 있다면 반드시 공모전에 도전해야 한다. 우리는 일반적으로 학교, 학점, 어학, 자격증으로만 타인과 비교하곤 한다. 학점은 자신의 학교 내의 사람들과의 경쟁이기 때문에 사실 굉장히 좁은 의미의 경쟁이라 할 수 있다. 또 어학의 경우는 수많은 사람들이 경쟁하지만 정형화된 유형과 패턴이 있기 때문에 고득점을 하고 있는 사람들이 많다. 즉 토익 900점 이상의 점수가 높은 점수임에는 틀림없지만 해당 내용을 갖고 있다고 해서 다른 누군가와 차별화되는 것은 아니다.

공모전이 중요한 이유는 범위가 넓고 '경쟁의 의미'가 있다는 것이다. 무엇보다 공모전 심사를 진행하는 사람들은 현 업계에서 유명한 사람들일 가능성이 크다. 공모전 당선이 된다는 것은 그만큼 해당 분야에 소질이 있다는 것을 어필할 수 있다. 공모전은 쉽게 당선될 수 있는 것이 아니다. 좋은 아이디어, 추진 계획 등 다양한 토론을 하다 보면 생각의 폭도 넓어진다. 우물 안 개구리로 살아가는 것이 아니라 회사에서 경쟁회사보다 더 좋은 제품, 서비스를 제공하기 위해 노력하는 것처럼 많은 것을 느낄 수 있다.

공모전은 각 공모전마다 개최하는 이유가 있겠지만 해당 내용에 대한 기발한 아이디어를 바탕으로 기획하고 발표를 진행해야 한다. 자료를 만드는 것부터 발표까지 진행하기 때문에 하나의 큰 프로젝트를 진행한다고 보면 된다. 우리는 어떤 것이든지 경험을 할 때마다 성장한다.

공모전의 경우 일반적으로 혼자 진행하기보다는 팀 단위로 움직인다. 그렇기 때문에 공모전을 하기 위해서는 팀을 구성해야 한다. 일반적으로 준비 기간은 두 달에서 길게는 반년까지 걸리는 경우가 있다. 팀 프로젝트로 진행하기 때문에 공모전을 여러 번 도전한 경험만으로도 '커뮤니케이션 능력'과 '팀워크'에 대해 어필할 수 있다. 수상 경력이 있으면 기획, 마케팅 부분에서 '소질'이 있다고 실무자들이 판단하기 때문에 리서치, 기획, 마케팅 분야에서도 러브콜을 받을 수 있다. 공모전은 자신이 지원하려고 하는 직무에 관련되면 더 좋다. 하지만 해당 분야에 대한 공모전이 항상 있다고 할 수는 없기 때문에 조금이라도 연관된 공모전이라면 무조건 도전해보는 것을 추천한다.

저자는 2번의 공모전 경험이 있다. 첫 번째로는 금융 학회에서 진행했던 'Equity Research Analysis'이다. 해당 공모전은 리서치 대회이다. 공모전의 가장 첫 번째 프로세스는 본인이 투자해야 된다고 생각하는 기업에 대해 Onepage로 요약하고 제출하는 것이다.

기업명		섹터	
현재주가/목표주가		투자기간	
목표주가 도출논리			
기업 선정 이유			
비즈니스 모델			
리스크 요인			

투자를 하기 위해서는 명확한 투자 포인트가 필요하다. 투자 종목, 현재 주가 및 목표주가, 투자 기간, 기업 선정 이유, 비즈니스 모델, 투자 포인트, 리스크 요인을 작성해야 한다. 일반적으로 투자를 할 때 우리가 조심해야 하는 부분은 리스크 요인이다. 투자 포인트까지는 생각을 하는데 리스크 요인에 대해서는 생각을 잘 하지 않는다. 따라서 해당 부분을 강조한다면 다른 지원자들과는 차별화된 점수를 받을 수 있다. 실제로 증권사 애널리스트도 리스크 관리의 중요성을 대회 기간 내내 강조했다. 목표 주가를 선정할 때도 어떤 밸류에이션을 활용하여 작성하는지도 중요하다.

▶ 작성 방법 안내
- 요약본을 작성하실 때 아래 항목들을 포함하여 **분량을 넘지 않도록** 작성해주시기 바랍니다. 본 요약본으로 본선 진출자를 선발하오니 이 점 유의하여 작성 부탁드립니다.
- 팀 참가자는 팀별 리서치보고서 요약본 1개를 제출해주시기 바랍니다.
▶ 포함되어야 하는 항목
   (1) 기업명, (2) 섹터, (3) 현재주가/목표주가(투자의견), (4) 투자기간, (5) 목표주가 도출논리, (6) 기업선정 이유, (7) 비즈니스 모델, (8) 투자포인트, (9) 리스크 요인
▶ 요약본 제출 마감일은 **2015년 11월 16일 (월) 오후 12시까지** 입니다.

기업명	네오위즈게임즈	섹터	게임
현재주가/목표주가	18550/29260	투자기간	3달
목표주가 도출논리	동종 게임업계 평균PER 19.14, 평균PBR 4.89 에 네오위즈게임즈의 PER과 10.35 PBR은 1.42로 저평가되어 있는 상황. 현재 주가에서 저평가된 PER를 현재 게임업계 최근 3년 평균PER로 적용하여 목표주가 산정. 웹보드 규제 완화 및 대작 블레스 국내외진출 및 해외 퍼블리싱에 대한 모멘텀으로 4분기부터 실적 개선이 본격화될 전망		
기업 선정 이유	1.블레스 출시 임박 2.웹보드 규제 완화 스탠스 3. 자회사 게임온 실적 가시화 현 주가 대비 성장동력 충분하다고 판단되었고, 4분기는 게임 관련주가 강세를 보여주는 기간.		
비즈니스 모델	1.퍼블리싱 2.게임개발 3. 서비스 및 기타 사업 비율은 1,2에서 98%정도의 비중을 두고 있고, 기타 서비스하고 있는 게임 중에서는 피망 맞고, 핑거나이츠 등 모바일 웹보드게임이 25%의 매출을 차지하고 있는 상황		
투자포인트	작년 2월에 신설된 모바일웹보드가 작년 10월에 1차 규제완화를 통해 유료서비스를 진행하게 되었고, 올해 정식으로 자리를 잡아가고 있는 상황. 모바일 웹보드 시장이 캐쉬카우 시장으로 인식이 되어가면서 동사도 소셜카지노 사업을 북미에서 소프트 런칭하였고, 현재 하드 런칭 임박한 상황. 또한 자회사인 게임온의 안정적인 수익 창출과 환율효과로 인한 실적 회복세, 대작 블레스 12월 전격 출시 임박하여 2년전 엔씨소프트 리니지 모바일 일본진출 및 블레이드 앤 소울 중국 베타 서비스 출시 앞두고 주가 상승했던 이력을 감안 동주가도 저평가되어 있기 때문에 충분한 상승 흐름 보여줄 수 있다고 보여짐.		
리스크 요인	우선 웹보드 규제 스탠스가 언제든지 변화될 수 있고 현재 매달 30만원 초과 금지 등 다양한 규제가 아직 남아 있기 때문에 이 변화요인에 따라 성장 동력이 달라질 수 있는 상황. 경쟁사의 자체 플랫폼 구축과 퍼블리싱 사업 진출에 따른 시장 경쟁 심화 역시 고려해야 할 사항으로 보여짐.		

만약 실제로 리서치 대회 등에 출전할 생각이라면 평소에 투자하고 있는 종목으로 진행하는 것이 좋다. 일반적으로 공모전의 경우 준비 시간이 짧기 때문에 평소에 대비하지 않으면 빠르게 준비하기 힘들다. 위의 자료는 실제 Onepage로 예선에 제출했던 자료이다. 각 대회를 주최하는 기관마다 평가하는 기준이 다를 수 있다. 어떤 곳은 벨류에이션 부분을 중점적으로 체크할 수 있고, 다른 곳은 기업적인 분석을 중점적으로 체크할 수 있다. 그렇기 때문에 해당 기관이 어떤 부분을 중점적으로 체크하는지는 사전에 체크하면 보다 좋은 평가를 받을 수 있다.

해당 공모전의 경우 Onepage를 제출한 2~3일 이후 결과에 대한 통보를 받는다. 통과한 사람들만이 본선 지출에 대한 준비를 시작할 수 있고 관련된 내용을 전달받는다. 예선전 이후 본선 진출까지는 약 1주일의 준비 시간이 있다. 그 사이에 Onepage를 활용하여 완성된 기업 보고서와 PPT를 제출해야 한다. 공모전을 진행하면 좋은 이유가 공모전을 진행하는 사람들과의 네트워크를 챙길 수 있다는 점이다.

[본선 진출 자료]

실제로 본선 진출 보고서를 보면 FN 가이드나 각 증권사에서 발행하는
기업분석 보고서 양식을 보고 만들었다.

BUY(신규)

목표주가	26,650원
현재가(15/11/20)	17,050원

하창완 Analyst
riku223@naver.com
02-6242-5454

업종	게임
KOSPI	1989.86
KOSDAQ	685.16
시가총액	401.0십억원
발행주식수	21.9백만주
52주최고가(14/12/08)	26,100
52주최저가(15/10/23)	16,400
평균거래대금	43 억원
배당수익률	0.00%
외국인지분율	6%

Price Trend

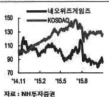

자료 : NH투자증권

네오위즈게임즈(095660)

신작게임 출시 및 웹보드 규제 완화로
성장동력 확보

3분기 실적은 신작 애스커의 부진과 대규모 판관비
지출로 기대치에 미치지 못함. 그러나 웹보드 규제
완화에 대한 직접적 수혜와 대형 신작 블레스 출시
및 일본 자회사 게임온이 서비스 하는 '검은사막'이
양호한 성장을 보이며, 향후 긍정적인 4분기 실적을
기록할 것으로 전망.

◆ 목표주가 26,650원, 투자의견 BUY 커버리지 개시

법인세를 비롯한 일회성 비용 지출로 올해 당기순이익이
크게 훼손되었지만, '블레스' 출시와 웹보드 게임 관련
매출액이 회복세로 예년의 수익 공백을 메울 수 있을 것
으로 예상. 따라서 네오위즈게임즈 최근 평균 4년 평균
PER 12.25와 PBR 1.42 를 동종 게임업계 4년 평균 PER
19.14, PBR 4.89로 적용하여 목표주가를 산정.

◆ 4분기 실적 개선 기대

네오위즈 게임즈는 국내 모바일 웹보드 게임시장에서
확고한 1위를 유지 관련 매출은 3분기에도 33% 이상의
성장을 보여주었으며, 앱 스토어 누적 매출액 기준 20위
내외의 순위를 유지하고 있어 4분기 호실적이 기대되는
상황. 모바일 게임 '그라나샤'의 일본 내 출시가 12월 초
예정되어 있고, 온라인 신작 '블레스' 출시가 임박.

◆ 웹보드 규제 완화

11월 16일 웹보드 규제 완화. 월 결제한도를 30만원
에서 50만원으로 상향. 본인 확인 인증 기간의 연장.
이용자 상대 선택 금지 예외조항 추가 등 입법예고
진행 중이며, 곧 현행안으로 진행 될 예정으로 웹보드
게임 1위인 네오위즈 게임즈의 수혜 기대.

기업 분석 보고서는 각 증권사 홈페이지의 기업분석 부분에서 다운로드할 수 있다. 네이버증권에서도 다운 받을 수 있다.

1. 네이버에 '네이버증권'를 검색한다. [네이버금융]을 클릭한다.

2. [투자전략]을 클릭한다.

해당 탭들 중 종목분석 리포트를 클릭하면 다음과 같이 각종 보고서를 확인할 수 있다.

종목명	제목	증권사	첨부	작성일	조회수
인선이엔티	드디어 시작되는 매립 사업	한국투자증권	📄	19.01.18	1077
KB금융	대출자산 성장 효과, 자본력 강점 > 고비용..	미래에셋대우	📄	19.01.18	380
한국가스공사	다시 찾아온 배당의 시대	미래에셋대우	📄	19.01.18	738
신한지주	5년간 꾸준한 이익 성장 + 2019년에는 비유기..	미래에셋대우	📄	19.01.18	647
농심	19년이 기대되는 이유는?	미래에셋대우	📄	19.01.18	647
한화에어로스페이스	주목 받을 안정적인 방산 실적	미래에셋대우	📄	19.01.18	582
포스코대우	유가 하락에도 문제없을 실적	하나금융투자	📄	19.01.18	318
동성화인텍	2019년 ROE 급격히 상승한다	하나금융투자	📄	19.01.18	530
NHN엔터테인먼트	4Q18 Preview: 기대치에 부합하는 실적 달성	케이프투자증권	📄	19.01.18	247
LIG넥스원	4Q18 Preview – 수주 잔고 지속 개선	이베스트증권	📄	19.01.18	255

본선 보고서인 '네오위즈' 종목 분석 보고서는 총 10장으로 구성되어 있다. 발표의 구성은 제출용 기업 보고서와 별도로 PPT를 준비해야 한다. 발표는 실제로 투자자들 혹은 자산운용사 관련 직원들이 앞에서 진행한다. 발표 시간 동안 해당 종목을 선택한 이유, 투자포인트, 리스크 관리, 투자 기간 등을 설명해야 한다. 발표 이후에는 평가 위원이 궁금한 점에 대해 질문했고 각각의 내용도 평가 대상이 되었다.

각 공모전마다 평가 기준이 다를 수 있지만 해당 공모전의 경우 현직 애널리스트 및 자산운용 관계자 3명의 평가와 청중들이 평가한 점수를 합산해서 진행했다. 청중의 경우 발표의 내용은 논리적인지 내용 전달은 잘 되어있는지 등에 대해 점수를 작성할 수 있다. 해당 공모전을 주최한 곳은 '벨류에이션' 부분을 중시하는 기관이기 때문에 벨류에이션 계산하는 데 특히 신경을 썼다.

관련된 내용은 공모전이 아니더라도 '증권사', '투자자문사' 등 관련된 회사에 진입하기 위한 준비에 큰 도움이 된다. 각 기관별 차이는 있지만 워드, PPT, 인디자인 등 다양한 양식으로 해당 보고서를 만들 수 있다. 일반적으로 회사에서는 워드로 작성해서 디자인팀에 넘기면 인디자인 등으로 작업해서 결과물을 만든다.

포트폴리오로 보고서 제작을 하고 싶다면, 삼성전자와 같은 유명한 기업들부터 작업하는 것을 추천한다. 그 이유는 잘 알려진 기업의 경우 증권사 리포트가 자주 나오기 때문이다. 본인이 작성한 투자포인트, 현황,

목표가 등을 증권사 직원들과 비교해볼 수 있다. 관련된 내용을 준비하면 금융권 입사를 위한 지원 동기를 보다 명확하게 이야기할 수 있다. 분석 보고서의 경우 애널리스트 직군에만 도움이 되는 것이 아니다. 사실 학생 시절에 현업을 경험하기가 쉽지 않기 때문에 다양한 방향으로 역량을 쌓아두면 다양한 부분에서 활용할 수 있다. 은행 PB에서도 활용할 수 있고 투자자문, 자산운용 등 다양한 부분에서도 활용할 수 있다.

두 번째로 진행한 공모전은 Marketing Creative Pool 공모전이다. 특이하게도 이 공모전은 대외활동 중에 우연히 진행하게 된 공모전이다. 공모전 주제는 'CEO 캠퍼스가 지리적 접근성에 대한 단점을 갖고 있는 상황에서 경쟁사의 신규 진입에 대비할 수 있는 마케팅 방법'에 대한 것이다. 아무래도 교육 장소가 피교육자들에게 불편하다면 고객의 수가 줄어들 가능성이 크다. 게다가 경쟁사까지 지리적 입지를 갖춘 상황이라면 더더욱 고객의 이탈이 커질 수 있는 상황이었다. 이 상황을 해결하기 위해 총 6가지 단계로 나눠 현재 상황을 분석하기로 했다.

환경분석 → 문제 인식 → 타깃 설정 → 콘셉트 → 노출 및 전환 → 기대 효과로 진행했다. 공모전 아이디를 활용하여 실제로 사업에 활용할 계획이었기 때문에 예산도 정해져 있었다. 팀 프로젝트의 공모전이었기 때문에 그 무엇보다 팀원들의 의견을 조율하여 마케팅계획서를 만드는 것이 중요했다. 해당 공모전이 도움이 된 이유는 심사위원이 실제로 마케팅 현업에서 회사를 운영하고 있는 사람들로 구성됐기 때문이다. 발표 이후 그 자리에서 구체적인 질문을 통해 문제점을 지적했고, 팀원들이 알아본 예산과 실제 과업을 진행했을 때 발생할 예산에 대한 차이 등 다양한 실무에 대한 경험을 얻을 수 있었다. 가장 도움이 된 부분은 해당 분야의 전문가가 현황을 바라보는 시각, 그리고 어떻게 그 상황을 풀어나갈지에 대한 문제 해결 방법에 대해 조금이나마 체감할 수 있었다는 점이다.

지금까지 2가지 공모전에 대해 간략하게 설명했다. 공모전을 통해 얻을 수 있는 것은 크게 3가지다. 첫째, 넓은 시각이다. 두 공모전 모두 실제 현업에서 근무하고 있는 사람들의 피드백을 받을 수 있다. '실무를 경험한 사람'과 '경험해보지 않은 사람'은 엄청난 시각의 차이가 있다.

예를 들어, '코끼리 고기의 맛에 대해 설명하시오.'라는 질문을 받으면 대부분이 일반적인 고기의 맛에 코끼리의 이미지를 덧붙여 설명할 가능성이 크다. 실제로 코끼리 고기를 먹어보지 못하면 코끼리 고기에 대한 표현을 자세하게 할 수 없다. 우리는 실무에 대한 경험이 없기 때문에 밖에서 보는 시각으로 실무에 대한 이야기를 한다. 하지만 코끼리 고기를 먹어본 사람에게 자세하게 한번 설명을 들으면 어느 정도 코끼리 고기에 대한 이미지를 그릴 수 있고 다른 사람에게 표현할 때도 비슷한 설명을 진행할 수 있다.

물론 모든 공모전이 피드백을 주지는 않는다. 하지만 적어도 실제 근무하고 있는 사람들의 명함 정도는 받을 수 있을 것이다. 그 사람에게 1을 얻는지 100을 얻는지는 개개인의 노력 여하에 달려 있다. 그뿐만 아니라 실무진의 피드백이 없더라도 수많은 공모전 참가자들이 발표하는 내용을 확인할 수 있다는 것만 하더라도 큰 도움이 될 수 있다.

일반적으로 사람들은 자신이 생각한 어떤 아이디어가 창의적이라고 생각한다. 하지만 공모전을 조금이라도 경험해보면 '아 이 정도 생각은 다른 사람들이 이미 시도해봤을 거야.'라고 보수적으로 생각하게 된다. 만약 좋은 아이디어를 만들어낸 팀이 있다면 적극적으로 친해지고 그들이 어떻게 하여 그 아이디를 도출해냈는지 파악해야 한다. 타인의 장점을 나의 것으로 만들 수 있는 공모전은 자신의 발전에 큰 도움이 될 수 있다.

둘째, 인적 네트워크다. 일반적으로 공모전은 '섹터'가 정해져 있는 경우가 많이 있다. 예를 들어, 위에서 설명한 애널리스트 분석 공모전에 지원한 것은 금융권에 관심이 있는 친구가 아니면 진행할 가능성이 매우 낮다. 이처럼 해당 분야에 진입하려고 노력하는 사람들과의 인적 네트워크는 입사 전뿐만 아니라 입사하고 사회생활을 함에 있어서도 큰 도움이 된다. 만약 공모전에서 알게 된 사람이 먼저 입사를 하게 된다면 그 사람에게 많은 노하우를 전수받을 수도 있다. 그리고 다른 공모전도 같이 지원할 수도 있고 여러 방면으로 서로 도움을 줄 수 있는 관계로 발전할 수 있다.

셋째, 간접 실무 경험을 할 수 있다는 것이다. 우리는 평소에 취업을 위해 단순히 학점, 학벌, 어학, 자격증 등을 준비한다. 물론 해당 내용들을 활용하여 실무에 적용하는 경우도 있지만 일반적으로는 해당 내용들은 '성실성' 등을 증명하는 척도에서 끝이 난다. 물론 자격증은 예외가 될 수 있다. 간접적인 실무 경험을 통해 앞으로 실무를 진행하기 위해 어떤 것들을 준비해야 하는지 가이드라인을 잡을 수 있다. 우리가 집중해야 하는 부분은 단순히 경험에서 끝나는 것이 아니라 그걸 지속적으로 활용해서 어떻게 더 나아갈 것인지 계획하고 진행하는 것이다.

03

3장

반드시
합격하는 비밀의
자기소개서 작성법

자료가 정리되어야
좋은 글이 나온다

'자소설'

너무나도 우리에게 익숙한 단어다.

요즘 사람들은 자기소개서를 자소설이라고 부른다. 그만큼 자기소개서에 자신의 이야기가 아닌 소설 같은 이야기를 써 넣는다는 이야기다. 자기 이야기가 아닌데 마치 자기 이야기인 척 작성하다 보면 작가가 아닌이상 구체적인 글이 나올 수 없다. 분량을 채우는 것도 만만찮다. 실제로 자신이 경험한 일이 아닌 이야기를 1,000자씩 작성하는 것은 쉬운 일이 아니다. 그런데도 불구하고 왜 취업 준비생들은 '자소설'을 쓸 수밖에 없는 것일까? 답은 하나다. 마음은 급하고 시간은 없는데 자신이 경험한 내용들은 별로 없다고 생각하기 때문이다. 물론 실제로 없는 사람이 있을 수 있다. 하지만 취업 준비생이라면 적어도 20대 중반일 가능성이 크다. 그때까지 자기소개서에 작성할 5,000자의 경험이 없다는 것은 말도 안 된다.

자소설을 쓰는 또 다른 이유가 있다. 아름답고 소설 같은 이야기를 작성하면 그렇지 않은 것과 비교했을 때 합격률이 오를 수 있기 때문이다. 아무래도 최근 SNS 등 소셜미디어가 발전함에 따라 웬만한 내용으로는 '대단한데?'라는 생각이 들지 않는다. 어떤 이야기도 한 번쯤은 들어본 것 같은 느낌까지 든다. 그렇기 때문에 더 자극적인 소재로 작성하려고 하는 것일지도 모른다.

만약 자신이 자기소개서를 쓰는데 분량이나 재료에서 막막함을 느낀다면 자신의 경험을 전혀 정리하지 않았을 가능성이 크다. 1장에서도 이야기했지만 자기 자신의 미래를 설계하고 취업 준비에 뛰어드는 사람과 그렇지 않은 사람과는 하늘과 땅 차이의 격차가 벌어질 수밖에 없다.

크게 자기소개서를 쪼개보면 지원 동기, 성장과정, 경쟁사와 비교하기, 생활신조, 취미와 특기, 갈등 및 해결, 봉사활동, 지원 분야에 본인이 적합한 이유, 적절한 시간 활용, 경력 및 특이사항, 성격의 장단점, 입사 후 포부까지 이렇게 12가지로 나눌 수 있다. 각 기업마다 더 세분화되는 경우도 있다. 이렇게 많은 카테고리가 구성되어 있는데 아무런 준비 없이 자기소개서를 작성하기 시작하면 당연히 힘들 수밖에 없다.

카테고리 속에서 활용할 자기소개서 내용들을 작성했다면 이를 2가지 버전으로 나누도록 하자. 예를 들어 성장 과정이라고 가정을 해보자. 성장 과정도 여러 가지 버전이 있을 수 있다. 어릴 때 가정 환경 등에서 나오는 가족의 예, 대학생 시절의 예, 만약 인턴 등 경험이 있다면 사회 경험의 예를 들어 성장 과정을 표현할 수 있다. 이 책의 경우 경력직보다는 신입 기준으로 작성이 되기 때문에 가족 및 대학교 시절의 예를 들어보도록 한다.

다음과 같은 스토리라면 다음과 같이 정리가 되어 있어야 한다.

◇ **성장과정** ◇

① **가족 안에서 성장** – 의사이신 아버지의 평소 생활을 하시는 것으로부터 보고 배운 전문성과 신의 성실한 태도의 중요성 / 어머니의 조언에서 깨달은 항상 도전하는 자세의 중요성

② **대학생 과정에서 성장** – 금융과 관련된 수업(증권시장론, 금융시장론 수강)을 듣고 학교에서 주최한 대외 활동에 적극적으로 참여하여 추천서를 받았음

위의 내용을 혼합해도 되고 하나의 내용으로 길게 작성해도 된다. 이렇게 이야기의 뼈대를 잡아 놓고 시작하면 글을 작성하기가 굉장히 쉽다. 무엇보다 전반적인 스토리라인을 점검할 때도 키워드를 변경하여 진행하면 된다. 뼈대를 잡은 내용들을 글로 풀면 다음과 같다.

가족의 예)

부모님의 영향 아래 성실과 정직의 중요성을 깨닫고 진취적인 인재가 되기 위한 자세를 배울 수 있었습니다.

어릴 적부터 의사이신 아버지를 따라 병원 현장을 견학할 기회가 많았습니다. 그리고 언제나 투철한 직업윤리를 바탕으로 진료에 정진하시는 아버지를 보며 정직함과 도덕심의 참 의미를 깨달을 수 있었습니다. 이를 통해 직업의 전문성과 신의 성실한 태도에 대해서 알게 되었습니다.

어머니께서는 올바르고 유익한 일이라면 언제나 아낌없는 지원과 격려를 해주셨으나, 모든 행동에는 반드시 그에 따르는 자발적인 노력과 책임이 수반되어야 한다는 점 역시 강조하셨습니다. 이에 스스로 발전할 방법을 찾아 꾸준히 정진하였고, 항상 도전하는 자세를 갖게 되었습니다.

대학생 시절의 예)

대학교 생활은 금융업과 관련된 증권시장론, 금융시장론 등을 수강하며 금융에 대한 관심을 늘렸습니다. 학교에서 주최하는 노작 수업, 축제,

취업컨설팅 등 다양한 활동에 참여하였습니다. 그 결과 총장 추천서, 교수 추천서, 자기 계발 장학금 등을 받았고 노력에 대한 보상을 알게 되었습니다. 또한 비공식 여행 동아리를 만들어 서울 이외의 지역을 돌아보며 세상을 바라보는 시각을 기르기 위해 노력했습니다. 이를 통해 좋은 교우 관계, 마음의 여유, 세상을 바라보는 시각을 얻었습니다.

만약 가족의 예만 사용하고 싶다고 하면 다음의 내용들을 늘리면 된다.

부모님의 영향 아래 성실과 정직의 중요성을 깨닫고 진취적인 인재가 되기 위한 자세를 배울 수 있었습니다. 부모님으로부터 배운 이 자세를 활용하여 OO 기업에 이바지하는 OO 인이 되겠습니다.

어릴 적부터 의사이신 아버지를 따라 병원 현장을 견학할 기회가 많았습니다. TV에서 보는 것과 다르게 병원은 굉장히 분주하고 슬픈 얼굴을 갖고 있는 사람이 많았습니다. 아버지는 병원을 찾아오는 환자를 최대한 친절하게 대하며 그들을 천천히 살폈습니다. 언제나 투철한 직업윤리를 바탕으로 진료에 정진하시는 아버지를 보며 정직함과 도덕심의 참 의미를 깨달을 수 있었습니다. 이를 통해 직업의 전문성과 신의 성실한 태도에 대해서 알게 되었습니다. 어렸을 당시에는 잘 몰랐지만 점점 성장하며 아버지의 일관성 있는 태도가 얼마나 어려운 것인지 깨닫기 시작했습니다. 비록 의학에는 뜻이 없어 의대 쪽으로 방향을 잡지는 않았지만 제가 관심이 있는 금융권 역시 전문성이 필요한 직업이라고 생각하고 진로를 금융권으로 정하게 됐습니다.

한번은 초등학교 2학년 때 어머니께 피아노를 배워보고 싶다고 이야기했습니다. 어머니는 흔쾌히 허락하시고 피아노 학원 3개월 수업료를 결제해 주셨는데 초반에 흥미가 떨어진 저는 피아노 학원을 나가지 않았습니다. 그 사실을 학원 원장님에게 들은 어머니께서는 일이 올바르고, 유익한 일이라면 언제나 아낌없는 지원과 격려를 해줄 것이나 모든 행동에는 반드시 그에 따르는 자발적인 노력과 책임이 수반되어야 한다는 점 역시 강조하셨습니다. 그 일 이후 항상 자신이 정말 일을 진행하고 책임질수 있는지 충분히 고민하고 의사결정을 내리는 습관이 생겼습니다. 금융권을 선택한 이후에도 그 선택에 대한 책임을 다하기 위해 스스로 발전할 방법을 찾아 꾸준히 정진하였고, 항상 도전하는 자세를 갖게 되었습니다.

빨간색 부분은 새롭게 추가한 내용들이다. 이렇게 큰 뼈대만 잡혀 있으면 내용을 늘리는 것은 너무나도 쉽다. 살아오면서 피아노 학원, 미술 학원, 스피치 학원 등 수많은 학원들을 우리는 다녔을 것이다. 그때 항상 최선을 다했다면 상관이 없겠지만 대부분 그러지 않고 대충 다니거나 학원을 빠지기도 했을 것이다. 각자 살아오며 많은 에피소드를 갖고 있기 때문에 자신이 경험했던 내용들을 소화하여 적용하면 된다.

스토리 추가 Tip

스토리를 추가할 때 중요한 것은 글의 전체적인 흐름을 깨지 않고 움직이는 것이다. 예를 들어 위의 내용에 살을 더 붙여보자. 만약 1,000자가 아니라 2,000자라고 했을 때 어떻게 내용을 풀어내면 좋을까? 가장 쉬운 방법은 해당 내용을 더 구체적으로 설명하는 것이다. 아무래도 1,000자라는 짧은 내용 안에 모든 부분을 자세하게 서술하면 좋겠지만 실질적으로 쉽지 않다. 각각의 내용의 변천사를 확인해보면 글이 자세하면 자세할수록 전달력이 높아지는 것을 알 수 있다.

스토리를 추가할 때 우리가 기억해야 하는 것은 크게 3가지다.

① 전체적인 흐름을 깨지 않는 것
② 내용을 보다 자세하게 표현할 수 있는 부분을 집중적으로
   서술하는 것
③ 자세한 수치를 넣는 것이다.

과거 아버지가 행동하는 모습을 보고 '허준' 드라마를 보며 느낀 비슷한 경험을 했습니다. 드라마에서 '허준'은 전문성을 지키기 위해 환자를 위해 자기 몸을 살피지 않을 정도로 정성스럽게 환자를 다뤘습니다. 드라마가 아닌 실제 병원 곳곳에서 2년 동안 환자를 대하는 아버지의 모습을 보고 '신의성실', '전문성'의 중요성을 이해했습니다. 이런 부모님의 영향 아래 성실과 정직의 중요성을 깨닫고 진취적인 인재가 되기 위한 자세를 배우고 유지할 수 있었습니다. 부모님으로부터 배운 이 자세를 활용하여 OO기업에서 고객이 믿고 의지할 수 있는 소통의 연결고리가 되겠습니다.

어릴 적부터 의사이신 아버지를 따라 병원 현장을 견학할 기회가 많았습니다. TV에서 보는 것과 다르게 병원은 굉장히 분주하고 슬픈 얼굴을 갖고 있는 사람이 많았습니다. 아버지는 병원을 찾아오는 환자에게 최대한 친절하게 대하며 그들을 천천히 살폈습니다. 환자들은 항상 진료실을 나갈 때 허리 숙여 감사하다고 인사했습니다. 어릴 땐 '당연한 것에 왜 저렇게 인사를 하는 거지?'라는 궁금증이 일었고 아버지에게 물어봤을 때 언제나 웃으며 넘기셨습니다. 학교 선생님, 관리실 아저씨 등 어른들에게 관련된 내용에 대해 질문했고 일정한 답을 듣게 됐습니다. 그 어린 모습에서 10년이 지난 지금에도 언제나 투철한 직업윤리를 바탕으로 진료에 정진하시는 아버지를 보며 정직함과 도덕심의 참 의미를 깨달을 수 있었습니다. 약 15년 동안의 관철을 통해 직업의 전문성과 신의 성실한 태도에 대해서 알게 되었습니다.

　어렸을 당시에는 잘 몰랐지만 점점 성장하며 아버지의 일관성 있는 태도가 얼마나 어려운 것인지 깨닫기 시작했습니다. 비록 의학에는 뜻이 없어 의대 쪽으로 방향을 잡지는 않았지만 제가 관심이 있는 금융권 역시 전문성이 필요한 직업이라고 생각하고 진로를 금융권으로 정하게 됐습니다. 중략 …

　이처럼 자신의 경험을 잘 정리를 해야 한다. 이해를 돕기 위해 '요리'로 예를 들어보자. 자신의 경험을 정리하는 것은 요리를 하기 위해 사전에 재료를 준비하는 것과 같다. 첫 번째 상황은 다음과 같다. 요리를 해야 하는데 집에 재료는 하나도 없다. 홍길동은 3일 동안 굶어 현재 배가 많이 고픈 상황이다. '요리를 해야지'라고 마음먹은 시점부터 무엇을 요리할지 고민하고 요리에 필요한 재료는 무엇이며 레시피 등을 찾는 것은 시간이 오래 걸릴 수밖에 없다.
　반면에 자신의 경험을 정리한 것은 어떤 요리를 만들고 어떤 자료를 활용할지 사전에 준비를 한 경우다. 후자의 경우 바로 요리하면 되기 때문에 속도도 빠르고 자신이 필요한 '요리'를 보다 신속하게 얻을 수 있다.

항목의 이유를
알아야 합격한다

　자기소개서를 작성할 때는 질문의 의도를 정확하게 파악하는 것이 중요
하다. 강의를 진행하거나 코칭을 진행하다 보면 자기소개서의 질문에 답
하는 것이 아니라 자신이 하고 싶은 이야기를 적는 사람이 많다는 것을
알 수 있다. 각각의 자기소개서에서 듣고 싶은 회사만의 답변이 있다는
것을 알아야 한다. 이번 장에서는 모든 질문들을 다 체크할 순 없지만 앞
서 안내한 10가지 카테고리의 질문 의도에 대해 파악해보고자 한다.

지원 동기

회사에서 지원 동기를 물어보는 가장 큰 이유가 무엇일까? 바로 '무작위' 지원자를 걸러내기 위함이다. 채용 담당자도 취업 시절을 겪은 사람들이다. 공채 기간에 회사 이름만 바꾸고 자기소개서 내용은 그대로 유지하여 제출하는 경우가 많다는 것을 너무나도 잘 알고 있다. 그런 지원자의 경우 최종 합격한 이후 회사에 입사하지 않는 경우도 있다. 혹은 신입 교육까지 수료한 뒤 퇴사하는 사람들도 있다. 이런 사람들이 많을수록 회사는 큰 손해를 볼 수밖에 없다. 채용 담당자는 매 공채 기간마다 수많은 지원자들 중에서 진짜로 회사에 들어와서 일하고 싶은 사람을 찾아야 한다. 수많은 모조 다이아몬드 사이에서 진짜 다이아몬드를 찾는 작업을 하고 있다고 생각하면 된다.

사실 취업 준비생의 입장으로 보면 많은 곳에 지원할 수밖에 없는 것이 현실이다. 자신이 정말 원하는 곳에 지원했을 때 서류조차 합격하지 못한다면 매우 힘든 시기를 보내야 하기 때문이다. 다만 문제점은 단순히 '컨트롤 C + V'를 하는 것이다. '복사+붙여넣기'로는 지원 동기를 작성할 수 없다.

그렇다면 지원 동기 어떻게 써야 할까? 자신이 그 회사를 들어오기 위해 노력한 에피소드 및 스토리가 있어야 한다. 그 안에는 회사가 추구하는 인재상과 비전도 들어가 있어야 한다. 과거 수많은 경험들을 통해 회사가 필요로 하는 역량을 갖췄고 이를 활용하여 회사에 기여를 하겠다는 포부를 밝혀야 한다. 그러기 위해서는 경험에 '특별한' 의미를 부여해야한다. 다른 지원자들과는 다른 나만의 지원 동기가 있다는 것을 이야기해야 한다. 다음 우리은행 자기소개서를 통해 지원 동기 부분을 어떻게 작성했는지 확인해보자.

필요에 의해 형성된 우리은행과의 시너지 효과

저의 가족, 친척들 중에는 금융권에 종사하는 사람이 없습니다. 지인들 중 자산관리에 대한 지식의 부족으로 재산을 낭비하는 경우가 많아 아쉬움이 있었습니다. '홀로 모든 것을 이뤄낼 수는 없다. 주변에 있는 사람들을 부자로 만들어야 당신도 부자가 될 수 있다.'라는 카네기의 말에 깊은 감명을 받았던 전 금융권으로 진출하여 친지들의 자산을 관리하고 금융에 대한 조언을 해주고 싶었습니다.

누구나 한 번쯤 재테크에 대해 실패를 한다. 만약 나의 가족들과 친척들이 재테크를 통해 많은 손실을 경험했다면 충분히 금융권에 지원할만한 요인이 된다. 그 다음으로 왜 수많은 금융기업들 중 우리은행을 지원했는지 이야기를 하게 되면 바람직한 지원 동기가 완성된다.

우리은행에 지원하게 된 이유는 제가 가진 3가지 성향인 승부욕이 강한 '최고를 지향하는 마음'과 다른 사람과 소통하는 '커뮤니케이션 능력', 상대방을 배려하는 '고객 지향 마인드'는 입행 후 저와 우리은행 사이에 좋은 시너지가 발생될 것이라 생각하기 때문입니다. 위의 3가지 역량과 전문성과 윤리성은 은행원이 반드시 가져야 할 자질이라 생각합니다.

은행원으로서 공통적으로 가져야 할 자질과 영업을 잘하기 위한 3가지 역량인 최고를 지향하는 마음, 커뮤니케이션, 고객 지향 마인드를 어필하며 은행원이 반드시 갖고 있어야 할 역량이 있다는 것을 어필하고 있다. 다만 해당 부분에서는 위의 자질들을 증명할만한 스토리가 없기 때문에 관련된 내용은 다른 질문지에 엮어서 진행하면 된다.

이에 입행 후 전문성을 키우기 위해 CFP, 투자자산운용사 등 자격증을 취득하여 지식을 늘리고 선배님들의 업무 노하우와 조언을 통해 전문성을 체득하겠습니다. 또한 굳건한 직무 윤리 준수와 윤리경영을 통해 고객과의 신뢰 관계 형성을 형성하겠습니다.

입행 이후 성장하려는 방향성에 대해 언급했다. 적응력에 대한 부분도 어필하였고 특히 고객의 신뢰를 통한 실적에 대한 어필이 좋았다. 다만 이 부분의 경우 우리은행에서만 진행할 수 있는 부분으로 구성하는 것이 가장 좋다. 간단하게 한두 마디만 추가하면 된다. 예를 들면 다음과 같다.

우리은행은 소매판매 부분에서 타 은행 대비 우수한 실적을 갖고 있습니다. 고객에게 적절한 상품을 제시하고 믿음을 얻기 위해 입행 이후 CFP, 투자자산운용사 등 자격증을 취득하여 지식을 늘리고 선배님들의 업무 노하우와 조언을 통해 전문성을 체득하겠습니다. 또한 굳건한 직무 윤리 준수와 윤리경영을 통해 고객과의 신뢰 관계 형성을 형성하겠습니다. 이를 바탕으로 우리은행 하면 'OOO이지'라는 인식을 심어줄 OOO입니다.

지원 동기 부분에서 적어도 3가지는 어필하는 것이 좋다. 첫째, 관련 직종에 대해 관심을 갖고 지원하게 된 계기를 설명하는 것이다. 개연성이 있어야 하는 것이 중요한 포인트이다. 둘째, 지원하는 회사에서 필요한 역량, 그리고 인재상에 자신이 어울린다는 것을 구체적으로 증명하는 것이 중요하다. 그리고 관련 직무에서 실적을 내는 데 가장 도움이 되는 역량을 강조해야 한다. 마지막으로 조직에 잘 적응할 수 있고 이를 위해 구체적으로 어떤 계획을 갖고 있는지를 보여준다. 이를 통해 회사와의 지속적인 시너지가 발생할 수 있는 인재라는 것을 채용담당자가 확인할 수 있게 한다. 3가지 부분만 어필해도 적절한 지원 동기 자기소개서가 완성될 수 있다.

경쟁사와 비교하기

경쟁사와 비교하는 것은 지원 동기 분야에 속하는 내용이기도 하다. 자기가 지원하는 회사와 그 회사의 경쟁사에 대해 얼마나 잘 아는지에 대해 파악할 수 있는 문항이기 때문이다. 회사가 경쟁사에 대한 부분을 물어보는 이유는 '차별화된 지원 동기'를 확인하기 위함이다. 일반적으로 경쟁사와 비교하기는 다음과 같은 질문으로 나오는 경우가 많다. '타행 대비 농협은행의 비교우위와 비교열위에 대해 설명하고 입사 후 어떤 아이디어와 행동으로 비교열위를 극복할 것인지 구체적으로 작성하시오' 혹은 '우리은행 영업점과 다른 시중은행 영업점을 직접 방문하시고, 우리은행이 상대적으로 우수한 점과 개선해야 할 점을 비교 설명하여 주세요'와 같은 방식의 질문을 제시한다.

해당 내용들은 오랜 기간 해당 기업에 관심이 있지 않으면 작성하기 매우 힘든 부분이다. 또 직접 방문하지 않으면 작성할 수 없게 만든 지문이다. 해당 질문을 명확하게 이해하고 작성하기 위해서는 우선 해당 기업들의 이미지를 생각하면 된다. 농협의 경우 서울 등 수도권 지역보다는 지방에서 인지도가 확실히 높다는 이미지가 있다. 해당 내용은 이미지에서 확인할 수 있는 농협의 장점이 될 수 있고 그 외의 것들은 기사, 해당 기업을 분석하면서 파악할 수 있다. 실제 합격 사례를 통해 확인해보자.

농협

• 비교우위 : 타 은행 대비 월등한 점포 수

농협의 비교우위는 타 은행보다 점포 수가 월등히 많은 것입니다. 국민은행의 점포는 약 1천 개이지만 농협은 약 5천 개 이상의 점포를 갖고 있습니다. 점포 수가 많다는 것은 그만큼 고객이 접근하기 용이하다는 것을 의미합니다. 게다가 농협은 서울보다는 지방에 많이 분포하고 있습니다. 물론 서울에 인구가 집중되어 있긴 하지만 많은 지역에서 다양한 고객에게 사랑을 받고 있다는 점은 확실한 경쟁력으로 자리 잡을 수 있습니다. 지방 지역에서 갖고 있는 농협의 브랜드 이미지와 로열티는 시중은행이 따라잡기 쉽지 않습니다. 농협은 명절에 지방을 찾거나 출장 등을 나가게 되면 가장 많이 볼 수 있는 은행입니다. 아무래도 점포 수가 많다 보니 지역 주민들이 자주 농협을 이용하게 됩니다.

최근 금융시장은 빠르게 변화하고 있는 금융 기술들로 인해 인터넷뱅킹, 텔레뱅킹 등 비대면 거래가 증가하고 있습니다. 하지만 신규 거래 및 대출거래 관련 거래들은 점포에서 해결해야 합니다. 또 농협을 이용하는 고객 층이 고연령층인 경우가 많기 때문에 충성 고객의 수 역시 타 은행 대비 월등히 높습니다. 농협은 집과 회사 근처에 많은 수의 점포가 있기 때문에 신규 가입에 대한 접근성이 특히 높습니다. 이러한 안정적인 우위를 갖고 서울 지역에 진출한다면, 지역 경제에 이바지하는 농협의 이미지와 최고를 향해 나아가는 발전하는 은행의 이미지와의 시너지 형성을 통하여 농협의 인지도는 더욱 상승할 것이라고 생각합니다.

과거 은행의 경우 지점의 수가 늘어나면 고객의 수도 늘어나는 경향이 있었다. 최근에는 온라인 뱅크 등 비대면 업무가 늘어나며 점포 수의 의미가 많이 퇴색됐다. 하지만 지역 별 인구분포도가 다르기 때문에 점포가 어떻게 분포되어 있는지는 여전히 중요한 부분이다. 매출에 직접적으로 관련된 영업장에 대한 분석을 통해 타사 대비 장점을 찾아내고 최근 은행을 활용하는 사람들의 추세를 파악하여 실적에 도움이 될만한 요인을 제시했다. 이를 통해 회사에 관심이 많았고 구체적으로 실적을 늘리기 위해 구상한 방법들을 보여주면 무작위 지원자와 확실한 차이점을 제시할 수 있다.

• 비교열위 : 원스톱 서비스의 필요성

농협의 비교열위는 원스톱 서비스를 현재 실현하기 힘들다는 것입니다. 금융기관 서비스 모니터링을 하던 중 농협을 방문하였을 때 예금 창구에서 대출받고 싶어 하는 고객이 있었습니다. 예금 창구에서의 상담원의 친절한 응대에도 불구하고, 대출 서비스를 위해서는 창구 이동을 해야 했고 이로 인해 대기시간이 상승하면서 고객은 불편한 심경을 보였습니다.

자신이 지원하는 회사일지라도 단점이 없을 수 없다. 무조건 찬양하는 것이 아니라 회사의 문제점을 정확하게 파악하고 이를 개선하기 위해 필요한 것들을 제언하는 것이 중요하다.

기업은행을 예로 들자면 여신, 대출 등 고객이 원하는 업무를 상담받는 그 자리에서 모두 해결합니다. 점포 수에서 확실한 비교 우위를 갖고 있는 농협이 원스톱 금융 서비스를 제공한다면 한 번 더 큰 도약을 할 수 있습니다.

이를 해결하기 위해 입행 후 예금, 여신, 대출 등의 기본 업무를 확실히 숙지하고, 자격증 취득 등을 통해 업무 전문성을 높여 원스톱 금융 서비스를 제공할 수 있는 농협의 든든한 인재가 되겠습니다.

현직자들은 실적을 늘리기 위해 분주히 노력한다. 회사 내부에서 오래 일을 하다 보면 제3자의 시각이 필요할 때가 있다. 방금 사례에서는 고객이 빠르게 업무를 처리하고 싶지만 그럴 수 없는 상황이다. 사용자 입장에서 원스톱 서비스를 제공하거나 여신에서도 예금 업무를 하는 지점 혹은 은행과 비교했을 때 불편함을 느낄 수 있다. 만약 고객이 불편함을 호소하며 다른 은행으로 옮겨간다면 바로 실적의 감소로 이어진다. 타 은행과 같이 빠르게 원스톱 서비스를 제공하여 고객의 만족을 끌어내는 이야기에 대해 언급하는 것은 채용 담당자에게 긍정적으로 평가받을 수 있는 요인이다.

생활신조

생활신조는 평소에 지원자가 어떻게 살아오고 있는지 평소 행실을 확인하기 위함이다. 생활신조는 크게 5가지 방향으로 나뉜다. 긍정적인 삶, 노력, 진취적인 행동, 성취, 더불어 사는 삶이다. 생활신조는 특별한 것이 아니라면 무난히 지나갈 수 있는 항목이다. 다만 생활신조는 평소 어떻게 본인이 살아왔는지를 보여줄 수 있는 항목이기 때문에 지원 동기, 성장과정, 다른 사람과의 차별점 등의 항목들이 있다면 같이 일관성 있는 내용으로 작성해야 한다. 예를 통해 확인해보자.

제 삶의 가치관은 '타오르는 장작처럼 살자'입니다. 이런 생활신조가 생긴 이유는 각 시기마다 집중해야 되는 부분이 있는 것을 알게 되었기 때문입니다. 고등학교 때 인터넷 쇼핑몰 사업을 준비하며 대학 진학에 관한 공부를 열심히 하지 않았습니다. 사업 준비 도중에는 미성년자에 대한 세금 관련 문제가 있었고, 사업 파트너 선정 과정에서도 학벌에 대한 신뢰 여부로 인해 잘 진행이 되지 않았습니다. 결국 사업은 실패하였고, 저는 이를 보안하기 위해 다시 대학 진학에 힘썼습니다.

고등학생 때 사업 준비로 인해 공부를 소홀히 했기 때문에 대학 진학에 많은 시간과 비용이 소모됐습니다. 또한 '실패자'라는 주변의 시선 때문에 정신적으로도 고생을 하였습니다. 그래서 대학 진학 이후에는 같은 실수를 반복하지 않기 위해 자기 계발을 위해 힘을 쏟기 시작하였습니다. 그러던 중 주변 지인이 투자에 거듭 실패하여 큰 손실을 보는 것을 지켜봤습니다. 이에 금융권을 목표로 삼고 진출하기 위해 노력했습니다.

목표로 삼은 이후 4년 동안 투자 관련 직무에 대한 공부와 관련 직무 경험을 통해 적응력을 키우기 위해 노력했습니다. 그 결과 현재 20개가 넘는 자격증을 취득했고, 2회의 공모전 수상을 했습니다. 또한 3회의 인턴 생활 등을 통해 직무 수행에 필요한 역량을 지속적으로 키우기 위해 노력하고 있습니다.

자신의 열정을 타오르는 장작과 같다고 표현했다. 타오르는 장작은 뜨거움, 열정, 희생 등 다양한 의미로 접근이 가능하다. 해당 내용의 주인공은 고등학교 시절 사업을 준비하다 실패했고 이를 만회하기 위해 정말 치열하게 노력했다. 왜 자기 계발을 진행할 수밖에 없었는지 그리고 왜 금융권을 목표로 잡았는지에 대해 이야기하며 지원 동기와 일관성 있는 내용을 작성했다. 정말 열심히 했다는 것을 다양한 결과물인 자격증, 공모전, 인턴 등으로 강조했다.

취미와 특기

회사에서 취미와 특기를 물어보는 이유는 사람들과 잘 적응할 수 있는지 파악하기 위함이다. 취미와 특기를 보면 그 사람의 성향을 파악할 수 있다. 물론 한 부분만 보고 예단하기 힘들지만 자기소개서 등을 확인하면 빠르게 이 사람의 성향을 파악할 수 있다. 예를 들어, 취미가 독서라고 하면 내성적이고 활동이 적은 것들을 좋아할 가능성이 크다. 직무로 본다면 영업보다는 관리나 회계 등 꼼꼼하고 세심한 부분에 잘 어울릴 수 있는 인재다. 취미가 스포츠라고 하면 활동적인 것을 좋아하고 영업과 같은 외향적인 일을 잘 할 수 있다. 예를 통해 확인해보자.

저의 취미와 특기는 음주 가무입니다. 저는 밴드부 보컬 출신으로 노래에 자신이 있고 공연 경험도 있어서 타인과 쉽게 친해질 수 있는 친화력이 있습니다. 술자리에서 폭탄주 등으로 좋은 분위기를 만들기 위해 2년간 칵테일 등 제조하는 방법을 배웠습니다. 체계적으로 관련 기술을 익히기 위해 현재 '주조기능사'를 취득하기 위해 노력하고 있습니다.

저의 특기는 '비트박스'입니다. 장기 자랑으로도 활용할 수 있고 처음 만나는 자리에서 상대방과 친해질 수 있는 좋은 요인이기 때문입니다. 이를 활용하여 워크숍 등에서 사람들에게 저의 존재감을 각인시키고 실적에 도움이 되는 사람이 되겠습니다.

예시로 제시한 취미 및 특기의 경우 워크숍, 환영회, 회식 등 사람들이 모이는 곳에서 즐거움을 선사할 수 있는 인재라는 것을 어필할 수 있다. 환영회 때 즐겁게 보낸다는 것은 그만큼 새로운 사람들에게 빠르게 호감을 얻을 수 있다는 것을 이야기하고 회사 생활에도 빨리 적응할 수 있다는 것을 보여주는 것이다.

갈등 및 해결

갈등 및 해결 부분의 질문이 나오는 이유는 크게 2가지다. 첫째 커뮤니케이션 능력을 확인하기 위함이다. 회사에 입사하면 부서별로 업무를 진행하기 때문에 연합 업무를 수행하는 경우가 많다. 커뮤니케이션은 이때 불화를 일으키지 않고 부서 내 혹은 부서 간 업무 협업을 하는데 무리가 없는지 파악하기 위함이다. 둘째, 문제 해결 능력을 확인하기 위해서다. 어떤 문제에 당면했을 때 얼마나 빨리 대처하는지에 따라 성과에 큰 차이가 발생될 수 있다. 또 후에 부서장이나 팀장으로 있을 때도 부하 직원들에게 해결책을 제공해야 한다. 회사는 단기간 근무하다가 나가는 사람을 뽑지 않는다. 그렇기 때문에 향후 관리자로 성장할 수 있는 능력이 있는지를 체크한다.

보통 갈등 및 해결과 관련된 질문은 '최근 나와 가장 격한 갈등을 겪었던 사람은 누구(가족 제외)이고 그 이유와 나의 대처 방식 및 결과에 대해 서술하시오'와 비슷하게 나온다. 사례를 통해 확인해보자.

문제 해결의 시작, 그것은 소통

문제에 대한 현상을 정확히 파악하고 효율적으로 해결하는 지름길은 '소통'이라고 생각합니다.(두괄식 표현) 대학생활 중 경영학원론 팀 프로젝트가 있었습니다. 주제는 광동제약에 대해 SWOT 등 분석 툴을 활용해서 기업분석을 하는 것이었는데 조원들 중 한 명이 유독 현재 상태 분석에 유리한 BCG를 활용해 분석을 하자고 주장하며 의견을 굽히지 않았습니다.(갈등을 겪었던 이유) 대부분의 다른 팀원들은 기업 내·외부, 강·약점에 대해서 한눈에 파악할 수 있는 SWOT을 활용하는 게 좋겠다는 의견이었지만 각자의 의견 방향이 너무 달라 좀처럼 합의점을 찾을 수 없었고 나중에는 팀원들 간의 불화까지 발생했습니다.

팀장으로서 문제를 해결해야 했기에 각자의 의견을 칠판에 브레인스토밍하듯 적기로 했습니다.(문제 해결 방법) 그리고 내용들을 적용 가능한 부분과 적용 불가능 한 부분으로 유형화하고 정리된 자료를 토대로 조원들과 함께 토론하여 적합한 툴을 찾아 항목별로 배치, 활용하기로 하는 대안을 마련하였습니다. 이렇게 의견을 조율한 결과 모든 조원들의 아이디어와 커뮤니케이션의 결합을 통해 10개의 팀 중에서 공동 2위라는 성적을 거두며 프로젝트를 무사히 마칠 수 있었습니다.(결과)

우선 질문지에 나와 있는 핵심 내용은 다 들어가 있다. 그리고 문제해결 능력, 커뮤니케이션 능력에 대해서 주로 이야기한 것을 확인할 수 있다. 구체적인 문제 해결 방안으로는 의견 충돌이 있는 당사자들의 의견을 조율하는 구체적인 방법이 있다. 중간에서 의견을 조율하는 것을 통해 커뮤니케이션의 중요성을 언급하고 있다. 주도적으로 문제 해결을 통해 좋은 결과를 끌어낼 수 있었다는 점도 부각시켰다.

봉사활동

기업에서 이 부분을 보는 이유는 '사회성'을 보기 위함이다. 아무래도 봉사활동은 단체로 진행하는 경우가 많다. 결국 봉사활동은 협동심, 배려심 등을 파악하기 위한 항목이다. 봉사활동을 많이 하는 사람은 자연스럽게 많은 사람과 대화를 나누게 된다. 이 항목을 통해서 네트워킹, 커뮤니케이션 능력, 적응력 등 다양한 부분을 확인할 수 있기 때문에 해당 내용을 어필하는 것이 좋다.

나눔 활동을 통해 찾은 행복과 파트너

대학생활 중 제가 관심을 두고 시간을 많이 할애한 봉사는 "내 꿈에 날개를 달자"라는 프로그램입니다. 이 프로그램에서 저는 멘토로 활동했습니다. 멘토의 역할은 크게 3가지입니다. 공부 방법을 알려주는 것, 장래 희망에 대한 생각을 진행하는 것, 꿈과 희망을 주는 것입니다. 멘티들은 어려운 주변 환경의 영향을 받아 상대적으로 자신감이 많이 부족하였습니다. 저는 우선 아이들에게 자신감을 심어줬습니다. 성공한 사람들 중에는 정말 어려운 가정환경 속에서 자란 이들도 많다는 이야기를 들려주었습니다. 오프라 윈프리 같은 사람도 가정폭력 등 다양한 고난이 있었지만 꿈을 포기하지 않고 노력해 세계적으로 유명한 사람이 됐다고 이야기했습니다. 교육 시간을 진행하며 시간이 날 때마다 학생들에게 꿈에 대해서 고민하게 했습니다. 그리고 숙제로 그 꿈을 이룰 수 있는 구체적인 계획을 세우고 실천할 수 있게 격려했습니다.

저의 이러한 노력의 결실로 학생들 중 몇몇은 구체적인 꿈을 정했고 타임 라인을 그렸습니다. 도움을 주기 위해 진학하고자 하는 분야의 사람을 소개하고 공부에 필요한 서적도 구해주었습니다. 이렇게 지속적으로 상담과 수업을 반복한 결과 멘티들은 자신감 있는 모습으로 변해가기 시작했습니다. 절대 대학교는 갈 수 없다고 비관하던 친구도 대학 진학을 위해 공부를 시작했습니다. 학생들이 열정적이고 할 수 있다는 긍정적인 사람으로 변해가는 모습을 보며 저도 더없는 보람을 느꼈고 이러한 경험을 통해 멘토-멘티의 관계는 파트너라는 것을 알게 되었습니다. 그리고 이후에는 리더의 자리에 서더라도 군림하기보다는 파트너십으로 관계를 만들기 위해 노력하겠습니다. ○○ 은행에 입사하여서도 고객을 응대할 때 일방적인 방향으로 관계를 지속하는 것이 아닌 파트너의 개념으로 서로 상호작용을 할 수 있는 행복의 파트너가 되겠습니다.

학생들과 눈높이를 맞춰서 이야기하는 것은 쉽지 않다. 이에 '커뮤니케이션' 능력을 강조할 수 있다. 학생들은 지금 경제적인 부분에서 어려움을 겪고 있는 상황이기 때문에 '서적'을 제공받는 것만으로도 큰 도움이 될 수 있다. 사소한 도움일 수 있지만 해당 내용은 멘토와 멘티와의 관계를 끈끈하게 연결해주고 향후 네트워크로 활용할 수 있는 관계가 될 수 있다. 이에 따라서 '배려심' 부분도 강조할 수 있다. 이 경험을 활용하여 입사 후 내방하는 고객과의 관계에도 활용할 수 있는 부분이기 때문에 '영업력'을 강조할 수도 있다.

지원 분야에 본인이 적합한 이유

지원 분야에 본인이 적합한 이유를 물어보는 이유는 회사에서 필요한 역량을 갖고 있는가를 위함이다. 물론 직무별로 뽑는 경우도 있지만 통합적으로 채용을 진행할 경우 자신이 갖고 있는 역량을 표현하여 해당 직무를 원하는 이유에 대한 근거를 달 수 있다. 지원한 분야에 본인이 적합한 이유에 대한 부분은 삶의 에세이를 작성하는 것처럼 많은 경험을 자세하게 작성해야 한다. 자신이 갖고 있는 핵심 역량에 대해 이야기하고 이에 대한 자세한 내용들을 작성해야 한다. 그 역량을 얻기 위해 왜 노력했고 어떤 장소나 활동을 통해 얻었는지가 중요하다. 물론 관련 경험을 쌓은 곳이 좋을수록 추가적인 가점은 발생하지만 중요한 것은 경험을 했는지에 대한 부분이다. 해당 부분은 간접적인 실무 경험이라도 반드시 언급하는 것이 중요 포인트다. 해당 사례를 통해 확인해보자.

여조삭비(如鳥數飛) - 기초 금융 업무 체험 및 준비 과정

저는 인턴 경험 및 모니터링 활동을 통해 은행에서 필요한 역량이 무엇인지 고민했습니다. 지난 4년간 인턴, 모니터링, 금융 학회 등 7가지 활동 경험을 통해 '전문성'과 '소통 능력', '서비스 역량'이 은행에서 필수라고 생각했습니다. 이를 얻기 위해 3가지 활동을 하였습니다.

첫째, 금융업과 금융 서비스가 무엇인지 정확히 알아보기 위해 농협에서 인턴 생활을 하였습니다. 인턴 생활 중 아기와 함께 온 젊은 고객님이 있었습니다. 고객님께서 일을 편히 보실 수 있도록 창구에서 업무를 보실 때까지 아기와 친절하게 놀아주었습니다. 또한 거동이 불편하신 할머니께서 ATM 인출 업무를 편히 보실 수 있도록 부축해드리고 ATM 작동을 도와드렸습니다. 이런 작은 서비스에 감동받은 고객님께서 오실 때마다 저를 계속 찾아주시고 격려 차원에서 음료수를 전해주셨습니다. 이를 통해 보람을 느끼고 감동을 받았습니다. 또한 서비스 정신과 진정한 고객과의 소통이 어떤 것인지를 깨달았습니다.

농협에 대한 부분은 [2-3장의 인턴 경험]의 농협 부분에 대한 내용을 참고하여 추가적으로 세세하게 작성해도 된다. 우선 준 1금융권으로 인정

되는 농협에서 근무 경험이 있다는 것을 보여줘 직접적으로 은행에서 근무한 경험이 있다는 것을 어필할 수 있다. 실질적인 현장 업무를 경험하여 앞으로 금융권에서 근무하기 위해 필요한 역량에 대해 파악했고 이를 활용하기 위해 어떤 행동들을 했는지도 자기소개서 내에서 표현해야 한다. 실무 경험이 있기 때문에 관련 경험이 없는 지원자보다 회사의 적응력 부분에서 큰 차이가 있다는 부분도 어필해야 한다. 은행 현직자와 2달 동안 많은 이야기를 나눌 수 있는 것은 영업, 지원 동기 등 다양한 스토리로 활용할 수 있다. 영업에 대한 노하우를 파악했다는 것, 실질적으로 근무하며 필요한 역량에 대해 이야기를 듣고 정리한 내용들 등 관련된 내용도 어필하면 큰 도움이 된다.

둘째, 금융지식을 위해 저는 금융권 현업들이 모여 만든 FCBTS 학회에 가입하였습니다. 이 학회에서 매일 경제지표분석, 경제동향분석, 리서치 보고서 등을 만들며 금융 관련 지식과 세계 흐름을 파악하였습니다. 매일 아침 6시에 일어나서 현업과 똑같이 분석하는 행동은 스스로가 금융인이 가져야 할 마음가짐과 행동에 대해서 알려주었습니다. 금융인은 고객의 돈을 움직이는 직업이기 때문에 누구보다도 전문성과 자기 계발을 중요시합니다. 전문성이 결여된 서툰 실수는 걷잡을 수 없는 고객의 피해를 가져오기도 합니다. 따라서 남들보다 더 부지런히 자기 계발에 몰두하고 전문성을 함양하여 자신 있게 고객에게 다가설 수 있는 실력 있는 금융인으로 발전해야 한다고 생각하였습니다. 그래서 꾸준히 자격증을 취득하여 현재 15개 이상의 자격증을 취득한 상태이고, 향후 더 필요하다고 느껴지는 것들을 준비하고 있습니다.

FCBTS 금융 학회의 활동을 통해 금융인이 가져야 할 기본적인 생활 패턴에 대해 경험했다는 것을 이야기할 수 있다. 금융권은 한 번의 실수로 치명적인 손해를 볼 수 있는 곳이다. 과거 증권사의 한 직원이 주문을 잘못 넣어 엄청난 손실이 발생했고 해당 회사는 단 한 번의 직원의 실수로 인해 파산하는 지경에 이르렀다. 이처럼 금융권은 한 번의 실수로 큰 영향을 발생시킬 수 있는 직업군에 속한다. 따라서 전문성과 직업윤리가 그 어떤 곳보다도 강조되는 업종이다. 금융 지식과 전문성에 대한 고찰을 통해 관련 역량을 키우기 위해 노력한 모습을 어필한다면 긍정적인 평가를 받을 수 있는 부분이다. 실질적으로 증권사 등에서는 컴플라이언스 자격증을 우대하는 곳이 많다. 컴플라이언스 혹은 컴플라이언스 오피서 자격증을 취득하면 직무 윤리나 신의성실에 대해 어필할 수 있다. 해당 부분은 대부분의 취업 준비생이 준비하지 않는 부분이기 때문에 긍정적인 평가를 받을 수 있는 부분이다.

셋째, 고객지향 마인드를 위한 서비스 역량이 필요하다고 생각했습니다. 이를 위해 서비스 전문 회사인 SEI 연구소에서 인턴생활을 하였습니다. 저는 이곳에서 금융 서비스를 파악하기 위해 시중 은행을 다니며 모니터링을 실행하였습니다. 그리고 모니터링 포트폴리오를 제작하여 서비스 전문가와 상담하며 서비스에 대한 시각을 길렀습니다. 또한 비즈니스 매너를 직접 배우고 실천해보면서, 참된 실질적인 서비스를 체득하였습니다. 서비스 능력과 금융적 역량을 갖고 있고, 많은 대외활동, 봉사활동을 통해 사람들과 소통하는 법을 배웠습니다. 입사하게 된다면, 우리은행에서 항상 배우는 겸손한 자세로 고객에게 만족과 감동을 전달하는 행원이 되겠습니다.

지속적으로 강조하고 있는 부분이지만 금융권은 고객과의 관계가 중요하다. 기본적으로 은행, 증권사, 보험 등은 '돈'과 연관이 되어 있다. 즉 신뢰가 바탕이 되지 않으면 거래가 진행될 수 없다. 특히 금융권은 고객의 마음을 얻는 것이 중요하다. 고객의 돈의 흐름이 곧 실적으로 이어지기 때문이다.

따라서 고객 만족을 끌어내기 위해 고객이 필요한 부분을 미리 파악하고 이를 해결하여 고객 만족을 끌어낼 필요가 있다. 해당 부분에 대한 역량을 키우기 위해 은행 모니터링을 지속적으로 진행하여 업무 프로세스를 파악하고 전문적인 서비스 교육을 받아 고객에게 질 좋은 서비스를 제공할 수 있다는 점은 큰 메리트로 작용할 수 있다. 대부분의 취업 준비생은 서비스 관련 아르바이트로 서비스 능력을 어필할 가능성이 높다. 보고서 및 서비스 매뉴얼을 작성하고 해당 보고서를 포트폴리오로 제출한다면 타 지원자 대비 높은 점수를 받을 수 있다.

적절한 시간활용

이 항목은 한정된 시간 안에 얼마나 시간을 효율적이고 계획적으로 사용하는지 파악할 수 있는 항목이다. 직장에 입사하게 되면 취업 준비생일 때보다 상대적으로 시간이 많이 부족하다. 하지만 업무의 효율성을 높이기 위해서는 다양한 스킬을 배우기 위해 시간을 할애해야 한다. 그것이 컴퓨터 학원일 수도 있고 스피치 학원일 수도 있다. 자기 계발은 자기 주도 학습이기 때문에 능동적인 사람이 수동적인 사람보다 많이 한다. 따라서 이 항목을 통해 입사 이후 얼마나 효율적으로 성장할 수 있는가 하는 잠재력을 보여줄 수 있다. 또 지원자가 능동형 인재라는 것을 채용담당자가 파악할 수 있는 항목이다. 회사에서는 수동적인 사람보다는 능동적인 사람을 좋아한다.

마부위침 - 시간을 극복하는 도전

저는 대학을 늦게 진학하였기 때문에 대부분의 사람들이 시간을 잘 활용하지 않는 군대에서의 시간을 효율적으로 활용해보고 싶었습니다. 또한 미래에 대해 고민을 하는 시간을 많이 갖고, 이를 통해 어떻게 하면 원하는 직무에 맞는 커리어를 쌓을 수 있는지 고민하였습니다. 그래서 부족한 시간을 극복하고 목표를 향해 노력하기 시작했습니다. 부대 내에서는 훈련과 일상 업무를 했기 때문에 개인 시간이 많지 않았습니다. 하지만 경찰서 내 지휘관의 조언을 통해 자격증을 취득하기 시작하였습니다. 그분은 경찰 활동을 하면서 취득한 15개의 자격증을 소지하고 있었고, 그렇게 쌓은 지식이 업무에 다 도움이 된다고 하였습니다. 그래서 저 또한 커리어 패스에 도움이 되는 "자격증"을 취득하기 위해 계획을 세웠습니다.

우선 업무의 효율성을 높이기 위해 컴퓨터 관련 자격증을 취득했습니다. 워드, 컴활 등 다양한 자격증을 취득하면서 문서 작업 속도를 향상시켰고, 개인 시간을 늘릴 수 있도록 노력하였습니다. 업무 후 개인 시간에는 TV 예능프로그램 등을 보지 않고, 운동과 빠른 정비 후 취침 전까지 공부를 했습니다. '우공이산'이라는 속담처럼 작은 시간이라도 꾸준히 효율적으로 사용하면 후에 좋은 결과가 있을 것이라 생각했습니다. 하나하나 자격증이 늘어가면서 자신감을 얻었고, 성취감을 맛보며 앞으로의 계획을 세우고 이룰 수 있게 노력하는 자세를 갖게 되었습니다. 그 결과로 펀드 투자

상담사 등 10개 이상의 자격증을 취득하고 전역하게 되었습니다.

　이러한 목표를 이루면서 저는 3가지를 얻었습니다. 첫째, 자신이 목표를 이루게 되었을 때의 즐거움과 자신감을 알게 되었습니다. 둘째, 아는 것이 많아질수록 타인을 도와줄 수 있습니다. 마지막으로 자신과의 싸움을 진행하며 얻은 인내심입니다. 저는 이러한 도전과 패기로 걸어온 한걸음 한걸음이 오늘의 기초가 되었다고 생각합니다. 입사 후에도 업무를 수행하다 보면 시간이 부족한 상황이 많을 것입니다. 그럼에도 업무 능력 향상을 위해 많은 노력과 투자를 해야 할 것입니다. 저는 입사한다면, 다양한 고객을 잘 응대하기 위해 끊임없이 노력하고 발전하는 사원이 되겠습니다.

이번 사례는 일반적인 사람이 시간을 활용하기 힘든 '군대'라는 특정한 장소에서 시간을 활용한 부분에 대해 언급했다. 군대라는 곳은 공부하기 힘든 환경일뿐만 아니라 정신적으로 힘든 곳이기 때문에 자기 계발을 진행하는 것이 어려운 곳이다. 남들이 노력하기 힘든 장소에서 시간을 잘 활용하는 것은 회사 생활을 하면서도 충분히 자신의 시간을 활용하여 역량을 개발할 수 있다는 것을 이야기할 수 있다. 군대라는 곳은 자격증 공부를 하거나 시험 등을 위한 휴가를 맞추기 위해서는 상급자 및 하급자의 양해를 구해야 한다. 이를 통해 '소통' 능력을 강조할 수도 있다.

경력 및 특이사항

많은 경험을 갖고 있는 사람에게는 자신의 역량을 잔뜩 뽐낼 수 있는 항목이다. 그러나 이 항목에 대해서 쓸 때 주의해야 할 점이 있다. 바로 S(상황) → A(행동) → R(결과) → R(깨달음)의 방식으로 내용을 작성하는 것이다. 사건이 왜 발생했는지에 대한 사건 배경을 우선적으로 작성한다. 이는 제안서에서 제안 배경을 먼저 작성하는 것과 같은 이치이다. 두 번째로는 그 상황을 해결하기 위해서 행동한 것을 작성한다. 세 번째로는 행동에 대한 결과에 대해서 작성한다. 마지막으로 그 결과를 통해 다음에 유사한 상황이 발생했을 때 어떻게 대응할 것인지에 대해 자신의 느낀 점 혹은 그 경험 이후 실질적으로 변화한 점에 대해서 작성하면 좋다. SARR 방식으로 작성을 하는 이유는 상황 인지 능력, 문제 해결 능력, 경험을 통해 어떻게 변하는지에 대한 것을 채용담당자가 확인할 수 있기 때문이다. 따라서 관련 요소들을 중점적으로 어필하는 것이 좋다.

소책자, VIP 고객의 마음을 사로잡다

투자자문사에서 근무하던 작년 10월 금융 시장이 중국발 및 IS 테러 등 국지적 리스크로 인해 코스피, 코스닥 지수가 많이 하락했습니다. 회사에서 추천하였던 종목들 역시 시장의 영향을 받아 하락했습니다. 대외적인 흐름에 영향을 받아 고객님이 보유하고 있는 종목의 수익률이 크게 악화됐습니다. 수익률은 점점 악화되고 대외 흐름이 부정적으로 흘러가자 고객들의 불만과 불안감이 깊어지고 있었습니다. 각 종목 주식 담당자와의 통화 등 새로운 정보를 지속적으로 고객에게 전달하며 고객을 안심시키기 위해 노력하였습니다. 하지만 지속적인 하락세로 인해 고객의 불만은 더욱 깊어졌고, 회사의 신뢰 역시 떨어지고 있었습니다.

고객은 점점 이탈되고 시작했고 회사는 큰 위기에 봉착했습니다. 저는 이 문제를 해결하기 위해 각 추천 종목에 대한 리서치 보고서를 작성하여 소책자로 제작했습니다. 소책자는 크게 2가지 부분으로 작성했습니다. 소책자 초반부에는 환율 등 국제 경기 흐름에 대해서 작성했습니다. 중반과 후반부에는 각 종목별 성장 모멘텀, 밸류에이션 측정, 향후 매출액과 순이익 예측 등을 작성하여 기업 가치를 증명하기 위해 노력했습니다. 자료부터 책자까지 전부 수작업으로 홀로 진행하였기 때문에 시간과 비용이 많이 소모되었지만, 소책자를 만드는 정성을 본 고객들은 믿고 기다려보겠다고 했습니다. 그 결과 시간은 1달 정도 소요되었지만, 각 종목별로 15~20%의 수익률을 달성하였고 회사에 대한 신뢰도 역시 회복했습니다. 저는 이 공로를 인정받아 회사에서 모범사원상을 받았습니다. 이후 기업 보고서를 바탕으로 이데일리 전문가 방송에도 출연하는 계기가 되었습니다.

대외적인 변수의 흐름에 따라 불가항력적인 상황이지만 대외변수를 예측하지 못했다는 비난과 함께 고객이 이탈하게 된 상황이다. 고객의 신뢰가 있어야 힘든 시기를 같이 이겨낼 수 있기 때문에 회사에서 추천한 종목이 성장 및 모멘텀을 보유하고 있다는 것을 고객에게 확실하게 인지시킬 필요가 있었다. 이에 정보 노출이 될 위험부담을 각오하고 소책자를 제공했고 고객의 신뢰를 얻어 위기를 극복할 수 있었다. 이 예시는 '문제 해결' 능력을 강조할 수 있다.

성격의 장단점

성격의 장단점을 작성하는 방식에는 크게 2가지가 있다. 한 가지 장단점을 작성하는 것과 3가지씩 작성하는 방식이다. 전자와 후자의 차이는 하나다. 시간이나 분량이 짧으면 전자를 반대로 말할 수 있는 시간이 길거나 작성해야 할 글자 수가 많은 경우 후자를 선택하면 된다. 여유가 된다면 장점과 단점 3가지씩 적는 것이 좋다. 뒷부분에도 언급하겠지만 3의 법칙은 안정감을 느끼게 하고 신뢰성이 들기 때문이다. 장단점에서 중요한 부분도 크게 2가지다. 첫째, 장점의 경우 구체적인 사례를 들어야 한다. 자기 자랑은 언제든지 할 수 있지만 상대방이 그에 대한 부분을 공감

할 수 있게 자세하게 설명하는 것이 중요하다. 단점은 현재는 단점이지만 그걸 극복하기 위해 노력하고 있고 그런 과정에서 부가적으로 발생되는 장점이 있다는 것을 강조해야 한다. 예를 들어 보자.

저의 단점으로는 완벽을 추구하는 성향이 있습니다. 이로 인해 예정된 시간보다 일 처리가 늦기도 하고, 팀 별로 관리하는 프로젝트에서는 타인과 충돌을 일으키기도 합니다. 하지만 완벽을 추구하기 때문에 세세한 부분에서 다른 시각을 가져 프로젝트 성과는 항상 3위 안에 드는 결과를 도출합니다. 완벽을 추구하다 보면 심한 스트레스를 받습니다. 스트레스를 해소하기 위해 저는 항상 하루 1시간 반 이상씩 달리기와 섀도복싱을 하고 있습니다. 이로 인해 건강하게 스트레스를 해소하는 것뿐만 아니라 건강까지 챙기며 저의 단점을 극복하기 위해 노력하고 있습니다.

3가지씩 적는 예

본인 성격의 장점 및 단점에 대해 작성하여 주십시오.

저의 장점은 3가지가 있습니다. 첫째, '남에 대한 배려'입니다. 의무경찰 활동과 서비스 회사에서의 경험은 항상 남을 배려하는 자세를 갖게 해주었습니다. 둘째, '강한 친화력'입니다. 쾌활하고 열정적인 성격을 갖고 있는 저는 타인에게 적극적으로 다가가서 대화를 나누며 쉽게 친분을 나눌 수 있습니다. 셋째, '적응력'입니다. 3번의 인턴생활과 경찰 조직 생활 등 다양한 대외 활동을 통해 빠르게 적응할 수 있는 노하우를 갖고 있습니다.

저의 단점은 3가지가 있습니다. 첫째, 욕심이 많습니다. 이에 어떤 일을 진행할 때 계획을 세워 무리하지 않으려 노력하고 있습니다. 둘째, 성급한 성격이 있습니다. 그래서 선택 전 3번의 생각과 심호흡을 하는 습관을 가지려 노력하고 있습니다. 셋째, 완벽함을 추구합니다. 이를 극복하기 위해 꾸준히 자기 계발을 하고 주변 사람들에게 조언을 구하고 있습니다.

만약 글자 수가 1,000자를 요구한다면 다음과 같이 내용을 추가하면 된다.

저의 장점은 3가지가 있습니다. 첫째, '남에 대한 배려'입니다. 의무경찰 활동과 서비스 회사에서의 경험은 항상 남을 배려하는 자세를 갖게 해주었습니다. 고객이 원하는 것은 사실 큰 것이 아닙니다. 기초적인 부분을 확실하게 진행하는 것에 고객은 감동합니다. 물론 예상치 못한 부분을 배려했을 때 '고객 감동'이 이뤄집니다. 하지만 예상치 못한 부분은 항상 찾아내는 것이 어렵습니다. 저는 기초적인 것부터 세세한 부분까지 챙기는 습관이 생겼습니다.

둘째, '강한 친화력'입니다. 쾌활하고 열정적인 성격을 갖고 있는 저는 타인에게 적극적으로 다가가서 대화를 나누며 쉽게 친분을 나눌 수 있습니다. 실제로 7개의 대외활동에서 약 100명의 친구를 사귀었고 꾸준히 모임을 통해 현재도 만남을 진행하고 있습니다. 물론 아는 사람이 많아지며 모든 사람에게 정성을 쏟을 수는 없지만 저만의 네트워크를 형성했습니다.

셋째, '적응력'입니다. 3번의 인턴생활과 경찰 조직 생활 등 다양한 대외활동을 통해 빠르게 적응할 수 있는 노하우를 갖고 있습니다. 짧은 기간 동안 너무나도 성격이 다른 곳에서 근무를 하다 보니 회사마다 가지고 있는 '사내 분위기'가 있다는 것을 알았습니다. 하지만 3번의 인턴 생활, 경찰 생활을 통해 얻은 것은 신입은 선배들에게 먼저 다가가고 인수인계 내용을 꼼꼼하게 메모하는 것이 중요하다는 것을 알았습니다. 더불어 모든 일에 '제가 먼저 하겠습니다'라고 열정적으로 임하면 빠르게 적응할 수 있다는 것을 알았습니다. 물론 엄하게 대하는 사람도 있고, 저를 마음에 들어 하지 않았던 사람도 있었지만 결국 일관된 행동을 지속하여 잘 지낼 수 있었습니다.

'노력'이라는 말.

일반적으로 많은 사람들이 싫어하는 말이지만 아직은 통한다는 것을 느꼈습니다. 저는 '노력'에 따른 '결과'를 알고 있습니다. 관련된 경험을 토대로 입사 후 직장 동료에게 이쁨 받는 ○○이 되겠습니다.

  지금까지 자기소개서에서 자주 나오는 항목들에 대해 알아봤다. 왜 물어보는지 어떤 부분을 평가하는지에 대한 부분은 설명 및 예시를 통해 확인할 수 있다고 생각한다. 반드시 이 항목에서 '어떤 내용을 확인하기 위해서 물어볼까?'를 생각하자. 본인이 하고 싶은 이야기만 하는 것이 아니라 취업 담당관이 듣고 싶은 이야기를 작성해야 한다. 이것이 우리가 사례 분석 및 합격 자소서를 공부하는 이유이다.

같은 글 다른 느낌, 반드시 합격하는 자기소개서 작성법

자신만의 자기소개서를 작성하기 위해서는 글쓰기를 알아야 한다. 취업 준비생은 스펙, 대외활동, 어학 준비를 하느라 늘 시간이 부족하다. 그런 취업 준비생에게 차근차근 글쓰기를 배우라는 것은 어쩌면 어불성설일지도 모른다. 이번 장에서는 스토리텔링과 구조적으로 이야기를 작성하는 방법에 대해 알아보자.

스토리텔링

최근 미디어 플랫폼이 발전함에 따라 자주 듣게 되는 용어다. '이젠 대화도 스토리텔링'이라는 말이 너무나도 멀게 느껴지지만 말이다. 스토리텔링은 단순히 '이야기와 말하다'의 합성어이지만 개인적으로 스토리텔링은 같은 이야기를 다르게 받아들이게 하는 것이라고 말하고 싶다.

이야기에도 구조가 있다고 생각한다. 영어에서 주어와 동사로 한 문장이 만들어지듯이 이야기에도 주인공과 행동이라는 것으로 하나의 이야기가 발생한다. 예를 들어보자.

나는 스펙을 쌓기 위해 대외활동을 했다.
나는 토익 점수를 올리기 위해 3달 동안 학원을 다녔다.

하지만 이 내용을 자기소개서에 그대로 담을 수 없다. 여기에 조금 살을 더 붙여보자. 살을 붙이기 위해 우리가 알아야 할 것이 있다. 우리가 밥을 먹는 이유는 무엇일까? 배고파서 먹는 것이다. 우리가 영어 공부를 하는 이유는 무엇일까? 스펙을 쌓거나 외국인과 대화하기 위해서 혹은 해외연수를 떠나기 위해서일 수도 있다. 여기서 우리가 집중해야 하는 부분은 하나의 행동이 발생하는 데에는 'Why' 즉 '왜?'라는 질문이 꼬리처럼 따라

온다는 것이다. 그렇다면 이유를 들어 글에 살을 붙여보자. 살을 붙이는 기술부터 이야기하는 이유는 대부분의 지원자가 분량을 채우기 어려워하기 때문이다. 우선 1인칭으로 투박하게 글을 작성한 뒤 그 글을 다듬으면 한 문장으로 내용을 많이 늘릴 수 있다.

나는 금융권에 지원하기 위해 노력하고 있다. 금융권에 진출하기 위해서는 '영업력'이 필요하다. '영업력'을 쌓기 위해서는 실제로 많은 사람들과 상대하고 물품을 판매하는 활동을 해야 한다. 지난 3년간 카페, 영화관, 올리브 영, 베스킨라빈스 등 다양한 판매처에서 해당 역량을 쌓기 위해 노력했다.

이렇게 글을 늘릴 수 있다. 위의 예시는 '나는 스펙을 쌓기 위해 대외활동을 했다'에서 이유를 추가하고 그 내용을 세세하게 설명한 것밖에 없다. 각 문장이 늘었기 때문에 해당 내용을 다시 구체적으로 설명하면 다시 더 긴 문장이 생긴다.

나는 금융권에 지원하기 위해 노력하고 있다. 금융권에 진출하기 위해서는 '영업력'이 필요하다. '영업력'을 쌓기 위해서는 실제로 많은 사람들과 상대하고 물품을 판매하는 활동을 해야 한다. 지난 3년간 카페, 영화관, 올리브 영, 베스킨라빈스 등 다양한 판매처에서 해당 역량을 쌓기 위해 노력했다. 특히 카페에서의 경험이 영업력에 큰 도움이 됐다고 생각한다. 나는 주로 카운터에서 근무했다. 고객이 상품을 추천해달라고 하는 상황이 발생할 때마다 준비한 매뉴얼을 통해 고객이 원하는 스타일의 제품을 제공했다. OO 카페에서 1년 6개월 동안 근무하며 업무 매뉴얼도 작성했다. 긴 시간은 아니지만 많은 아르바이트생들이 교체됐다. 아무래도 교체된 인원이 빠르게 업무를 수행해야 전체 매장의 관리가 잘 진행될 수 있었기 때문에 해당 매뉴얼을 제작하고 점장님에게 제안하여 체계화한 경험이 있다.

한 문장으로 자신의 경험을 녹여서 살을 붙이기 시작하면 글이 이렇게 늘어날 수 있다. 그렇기 때문에 항상 글을 작성하기 전에 전달하고자 하는 핵심 문장을 잘 설정하는 것이 중요하다. 한 문장의 글이 9줄의 문장으로 늘어나는 동안 전달하고자 하는 내용은 동일하다. 결국 내용에서는 스펙 중 '역량'을 쌓기 위해 열심히 대외활동을 한 부분을 이야기한다는 것을 알 수 있다.

자 이제 해당 내용을 자기소개서에 기입하는 내용으로 바꿔보자.

지난 3년간 금융권에 입사하기 위해 3가지 노력을 했습니다. 첫째, 역량을 쌓는 것입니다. 금융권에서 가장 중요한 것은 '영업력'이라고 생각합니다. 저는 영업력을 쌓기 위해 3년간 카페, 영화관, 올리브 영, 베스킨라빈스 등 다양한 판매처에서 경험을 쌓았습니다. 해당 기간 동안 실제로 많은 사람들에게 상품을 판매하고 판매 스킬 및 고객과의 라포를 형성하는 노하우를 익혔습니다. 특히 카페에서 경험했던

2가지 경험이 '영업력'에 큰 도움이 됐다고 생각합니다. 카페에서는 주로 카운터에서 근무했습니다. 단순히 카드 결제만 하는 것은 '영업력'을 향상시키는 데 도움이 되지 않을 것이라 생각했습니다. 그리고 간혹 카운터에서 무엇을 주문할지 고민하는 고객들이 있다는 것을 알게 되었고 해당 고객에게 상품별 특성을 정리한 매뉴얼을 준비하여 고객이 원하는 스타일의 제품을 제공했습니다.

OO 카페에서 1년 6개월 동안 근무하며 영업 업무 매뉴얼도 작성했습니다. 카페 특성상 자주 일하는 사람이 변경됐기 때문입니다. 교체 인원이 발생하면 단기적으로 업무 속도가 느려졌고 이에 따라 전체적인 실적에 부정적인 영향을 미칠 수 있기 때문입니다. 전반적인 매장 관리를 위해 점장님에게 제안했고 현재까지도 관련 매뉴얼로 업무가 진행되고 있습니다. 매뉴얼 도입 이후 매출은 약 15% 정도 늘었습니다.

둘째, 중략....

어떤가? 해당 내용은 '나는 스펙을 쌓기 위해 대외활동을 했다.'라는 한 마디에서 출발한 자기소개서 내용이다. 물론 내용상 특별함이 없을 수도 있다. 하지만 중요한 것은 남들이 정말 '와 대박이야'라는 경험을 갖고 있는 사람은 드물다는 것이다. 그게 드문 경험이 아니라면 애초에 사람들이 놀랄 이유도 없다. 지금 이 자기소개서의 경우 주어와 행동 2가지로만 내용을 늘려나간 케이스다. 이와 유사하게 작성한다면 분량에 대한 걱정은 하지 않아도 된다. 그렇다면 이제 이야기에 '힘'을 주는 작업을 시작해보자.

우리 기억에 남는 영화들을 보면 항상 전달하는 '메시지'가 있다. 이야기를 강하게 끌어오기 위해서는 주인공과 대립하는 '무엇'을 만들면 된다. 그것이 사람일 수도 있고, 주인공이 나아가는 길을 가로막는 장벽일 수도 있다. 주인공은 자신을 방해하는 것을 해소하기 위해 어떤 '행동'을 진행하게 될 것이다. 그리고 그 결과 문제를 해소하고 긍정적인 결과를 도출할 것이다. 해당 내용을 보면서 글을 읽는 사람이 같이 무언가를 느끼게 하는 것이 중요하다. 위의 자기소개서 앞 도입 부분에 하나의 장벽만 만들면 이야기가 조금 더 매력적으로 변하게 된다.

지난 3년간 금융권에 입사하기 위해 3가지 노력을 했습니다. 첫째, 역량을 쌓는 것입니다. 금융권에서 가장 중요한 것은 '영업력'이라고 생각합니다. 저는 영업력을 쌓기 위해 3년간 카페, 영화관, 올리브 영, 배스킨라빈스 등 다양한 판매처에서 경험을 쌓았습니다.

이 부분에서 주인공의 고뇌를 넣으면 된다.

지난 3년간 금융권에 입사하기 위해 3가지 노력을 했습니다. 직접적인 실무 경험을 진행하고 싶었지만 높은 진입 장벽으로 진행할 수 없었습니다. '열정 페이'로 근무하겠다고 회사의 문을 두드렸지만 결과는 좋지 못했습니다. 저는 간접적으로나마 금융권에서 필요한 '영업력'을 얻기 위해 지난 3년

간 노력했습니다. 저는 카페, 영화관, 올리브 영, 배스킨라빈스 등... 중략

    여기서 살을 조금 더 붙이자면 왜 높은 진입 장벽이 존재하는지를 작성하면 된다. 진입 장벽이 높은 이유는 많은 사람들이 지원하기 때문이라고 할 수 있다. 혹은 금융권은 개인 정보 유출이 될 가능성이 크기 때문에 '열정 페이'를 갖고 있다고 해도 쉽게 접근할 수 없었다는 내용을 추가적으로 작성해도 된다. 중요한 부분은 주인공인 '나'는 자신이 원하는 것을 이루기 위해 노력을 했지만 '좌절'을 하게 되고 이를 극복하기 위해 차선책으로 카페, 영화관 등 다양한 활동을 진행했다는 것이다. 남들처럼 카페 등 다양한 아르바이트를 먼저 경험하고 이를 조합하여 역량을 만드는 것이 아닌 처음부터 '계획된' 아르바이트라고 하면 이야기의 힘이 달라질 수 있다.

    약간의 각색을 통해 이야기는 얼마든지 매력적인 이야기로 혹은 진부한 이야기로 바뀔 수 있다는 것을 명심하자. 결국 처음 우리가 글을 작성하는 것은 전반적인 글의 외형을 그리는 것이다. 안에 내용을 무슨 색으로 칠할지는 결국 어떤 포인트를 잡고 이야기를 유지시키느냐에 따라 변경될 수 있다. 지금까지 간단하게 이야기의 구조, 그리고 스토리텔링을 활용하면 얼마든지 이야기를 변경할 수 있는 것에 대해 알아봤다. 시간이 허락한다면 스토리텔링에 대해 공부하여 전달력 있는 자기소개서를 만들 수 있다.

이야기의 구조

이번에는 이야기의 구조에 대해 알아보자. 일반적으로 서론 - 본론 - 결론으로 글을 작성해야 하는 것은 잘 알고 있다. 하지만 글을 많이 써보지 않은 사람들은 그것만으로는 원활하게 글을 작성하기가 쉽지 않다. 지금부터는 글을 원활하게 작성할 수 있는 뼈대를 배워보자. 가장 먼저 소개할 구조는 S-A-R-R 구조이다. S(Situation) - A(Action) - R(Result) -R(Realization)은 어떤 상황에서 행동을 진행하고 그에 따른 결과를 활용하여 깨달음을 얻는 과정이다. 이 구조를 변형하면 다음과 같은 S-A-R-G-A-R 구조도 나올 수 있다. 결과에 따라 새로운 목표를 설정하고 그것을 실행한 후 깨달음을 얻는 것이다. 이것 역시 자기소개서에 담아야 하는 내용이 많으면 사가(SARGAR) 구조를 활용하고 그것이 아니라면 SARR을 활용하면 된다. 일반적으로 1,000자 이상의 자기소개서의 경우 SARR을 2,000자 이상의 경우 사가(SARGAR) 구조를 활용하면 된다. 모든 글쓰기의 처음은 하나의 문장을 만드는 것으로부터 시작해야 한다. 예를 들어보자.

홍길동은 '서비스 능력을 배우기 위해 콜센터에서 근무했고 영업 노하우와 서비스에 대한 깨달음을 얻었다'를 전달하고 싶다. 그렇다면 이 내용을 SARR을 활용하여 작성해보자.

금융권에 입사하기 위해서는 '금융지식'과 '서비스 능력'이 필요하다고 생각됐습니다. 이는 '영업력'에 큰 영향을 주기 때문입니다.(S) 저는 이 두 가지 역량을 얻기 위해 콜센터에서 근무했습니다.(A) 콜센터는 비대면 업무로 고객의 컴플레인을 해소해야 합니다. 따라서 그 어떤 직군보다 서비스 매뉴얼이 정교해야 합니다. 콜센터는 진상 고객도 굉장히 많은 것으로 알려져 있습니다. 진상 고객을 만나는 두려움보다는 해당 역량을 확보해 금융권으로 진출하고 싶다는 생각이 강했습니다. 그 이유는 가족과 친지인들이 재테크 투자를 진행하며 계속 큰 손실을 보고 있었기 때문입니다.

저는 무작정 콜센터에 입사했습니다. 위기는 첫날부터 시작됐습니다. 근무를 시작하고 1시간도 되지 않아 진상 고객으로부터 욕설을 들었습니다. 그 순간 자리를 박차고 나가고 싶었지만 얻어야 할 것이 있기 때문에 참고 근무하기 시작했습니다. 매일매일 욕설을 하는 고객들을 인내심으로 버티는 것은 무모하다 생각했습니다. 진상 고객만을 접대하는 응대 매뉴얼을 세워야겠다고 생각했습니다. 저는 총 3가지 원칙을 세웠습니다.

첫째, 고객이 전화한 목적을 명확하게 묻는 것입니다. 대부분의 진상 고객은 정확한 이유 없이 전화해서 다짜고짜 신경질 내는 경우가 많이 있습니다. 명확한 목적이 없는 고객에게는 잘 타일러서 응대하면 대부분이 단기간에 전화를 끊거나 온화해져서 사과하고 전화를 끊는 경우가 많이 있었습니다.

둘째, 자신의 스크립트를 문서화하여 반응을 살피는 것입니다. 같은 말을 반복하다 보면 고객별로 다르게 반응하는 경우가 있습니다. 이를 정리하여 고객 성향을 빠르게 파악하고 적절한 응대 스크립트를 활용하여 원활한 상담을 진행했습니다.

마지막으로 반복적으로 전화를 걸어오는 고객의 성향을 정리했습니다. 그 결과 욕설을 하는 고객과 이유 없이 전화하는 수가 40% 이상 줄었습니다.(R) 저는 이 매뉴얼을 회의 때 공개하고 다른 콜 업무를 진행하는 사람들과 공유했습니다. 이 공로로 저는 친절사원상을 받았고 서비스에 대한 개념을 정립할 수 있었습니다.(R)

이번 예시의 경우 행동 부분을 강조해서 작성한 SARR 작성법이다. SARR 작성법을 활용하면 한 문장에 대한 내용으로 얼마든지 내용을 늘리고 줄일 수 있다. 글을 작성할 때 중요한 것은 뼈대를 잡는 것이다. 결국 늘어나는 내용은 중요한 뼈대를 보다 효과적으로 전달하기 위한 '요소'에 불과하기 때문이다.

또 다른 구조를 한번 알아보자. W-W-H 기법이다. W(Why) - W(What) - H(How)의 축약어로 왜 그 일을 하게 됐는지 원인을 설명하고 무엇을 목표로 설정했고 어떻게 그것을 이뤄냈는지에 대한 부분으로 작성하면 되는 구조다. 모든 글의 시작은 한 문장으로부터 시작하면 된다.

이해를 돕기 위해 콜센터 내용을 활용하여 작업하도록 하자.

어린 시절 가족과 친지인들은 무리한 투자로 인해 큰 자금의 손실을 지속적으로 보고 있었습니다. 이에 금융권으로 진출하여 부모님과 친지인들을 도와주고 싶다는 생각에 금융권을 목표로 삼았습니다. 금융권에서 필요한 것은 '금융지식'과 '서비스 능력'이라고 생각했습니다. 서비스 능력을 얻기 위해 아르바이트에 지원했습니다. 면접 도중 "서비스가 뭐라고 생각하시나요?" 이 하나의 질문에 말문이 막힌 적이 있었습니다.(Why)

저는 진정한 '서비스'가 무엇인지 확인하기 위해 콜센터에서 근무하기로 결정했습니다. 근무 첫날부터 진상 고객에게 호되게 욕을 먹었습니다. 스트레스를 받던 저는 저만의 서비스 매뉴얼을 제작해야겠다고 생각했습니다.(What)

서비스에 대한 지식이 없었던 저는 콜 업무에서 10년 이상 근무한 선배 사원들에게 찾아가 고민 상담을 했습니다. 각각의 상황에서 노련한 선배들은 어떻게 대응하는지 메모하고 분석했습니다. 약 20명의 사람들과 이야기를 한 끝에 3가지 원칙을 세웠습니다.(How) …중략

위의 내용과 전반적인 스토리는 비슷하다. 다만 내용을 어떻게 풀어나가는지에 따라 느낌과 전달력이 달라질 수 있다.

소제목을 만드는 방법

지금까지는 한 문장으로 글을 늘리는 방법을 확인했다. 글의 내용도 중요하지만 그 글들을 한 문장으로 요약하는 방법도 굉장히 중요하다. '소제목'의 중요성은 말하지 않아도 충분히 이해할 수 있을 것이다. 소제목을 풀어내는 방법에는 여러 가지가 있지만 여기서는 크게 3가지로 분류한다.

첫째, 한 문장으로 내용을 함축하는 것이다. 가장 일반적인 소제목을 작성하는 방법이다. 지금까지 한 문장에서 모든 자기소개서를 시작한 이유는 바로 이 일반적인 사례를 설명하기 위함이다. 둘째, 호기심을 유발하는 제목을 작성하는 것이다. 예를 들어보자.

만약 '7살에 금융을 깨닫다'라는 소제목을 작성했다고 가정해보자. 이런 경우 글을 읽는 채용담당자 입장에서는 '7살짜리 꼬마가 어떻게 해서 금융에 대해 알 수 있었지?'라고 생각할 수 있다. 비슷한 글만 읽던 면접관이 호기심을 갖고 관련된 내용을 지켜볼 수 있다. '고객 관리는 카라비너처럼' 이런 느낌의 소제목도 나쁘지 않다. 카라비너는 일반적으로 등반을 하지 않는 사람은 잘 알지 못하는 물품이다. 마지막으로 광고 문구를 활용하는 것이다. 짧고 굵게 표현할 수 있는 한마디를 활용하면 좋다. 예를 들면, '29CM 고객과의 거리'와 같은 느낌이다. 해당 내용의 경우 고객과의 소통을 위해서는 일정한 거리를 두되 너무 떨어지지 않은 자리에서 이야기하면 신뢰도를 끌어낼 수 있다는 부분으로 활용할 수 있다.

위의 콜센터로 소제목을 작성해보자. 예를 들면 '욕하는 진상으로부터 사랑받는 방법', '나도 이제 콜 전문가', '진상을 아십니까?', '수화기 안에 너와 나', '욕과 칭찬 사이, 말 한마디' 와 같은 많은 소제목들을 작성할 수 있다. 이야기의 구조를 이해하고 소제목을 통해 상대방의 마음을 휘어잡아야 한다. 그것이 취업. 자기소개서 합격의 첫걸음이다.

합격을 위해
반드시 체크해야 하는
자기소개서 5가지 법칙

취업을 준비하는 사람이라면 누구나 '어떻게 하면 보다 좋은 자기소개서를 작성할 수 있을까?'라는 고민을 한다. 그렇다. 자기소개서에도 합격을 위한 방법이 있다고 생각한다. 적어도 이 5가지만 지킨다고 하면 합격률은 지금보다 높아질 것이다.

읍소하지 말고 당당하라!

자기소개서나 면접에서 자주 나오는 이야기가 있다. 자기소개서에나 면접에서 '너무나 간절합니다', '정말 열심히 해서 꼭 기여하겠습니다', '누구보다 열심히 했습니다'와 같은 이야기를 하는 경우가 많다. 취업 준비생의 간절한 마음은 잘 안다. 취업 준비 기간에는 매우 긴장되고 불안하다. 주변 친구가 취업이라도 되면 급한 마음은 더 심해진다. 불안한 마음이 심해지면 '이렇게 난 취업이 되지 않는 것이 아닐까?' 혹은 '쓸모없는 사람이 되는 건 아닌가?'와 같은 생각을 자주 하게 된다. 실제로 통계를 보더라도 취업 준비생들은 '우울증'에 걸릴 확률도 높고 실제로 우울증이 있는 경우가 많이 있다.

잦은 지원에도 항상 돌아오는 결과가 '불합격'이었다면 면접이 다가오게 됐을 때 하소연하고 싶을 수도 있다. 하지만 우리가 진정으로 취업을 하고 싶다면 자신에게 당당할 필요가 있다. 회사는 비용을 지불하고 유능한 인재를 채용하는 것이고 인재는 그 비용을 받으며 용역을 제공하는 것이다. 물론 회사에서 먼저 채용을 하기 때문에 채용에 있어서 갑은 회사고 을은 직원이라는 생각이 들 것이다. 물론 틀린 말은 아니다. 하지만 적어도 입사하고 나면 직원에게도 '선택권'이 생긴다는 것이다. 만약 회사가 무조건적인 갑이라고 한다면 이 세상에 '이직'이라는 단어는 없어야 한다. 직원도 회사가 자신에게 주는 혜택이 적거나 성장에 대한 불안감을 느끼거나 한다면 기존의 회사를 버리고 다른 회사로 넘어갈 수 있다는 것이다. 이 이야기를 통해 우리가 생각해야 하는 것은 무조건적으로 끌려가는 것이 아니라 최소한의 자존심은 지키라는 것이다.

예를 한번 들어보자.

홍길동은 하루에 4시간 대장간에서 기존의 칼과 차별화된 새로운 칼을 만들기 위해 노력하고 있었다. 그러던 중 기존의 칼과 비슷한 무게를 가졌지만 강도는 높은 칼을 제작했다. 그리고 이 제작 방법을 연구를 통해 완성했고 양산이 가능한 상황이 됐다. 홍길동은 다른 친한 대장간 친구들에게 칼을 들고 가서 보여줬다.

"이 칼의 가치가 얼마나 하는지 모르겠네." 홍길동이 고개를 저으며 자신 없이 말했다.

"자네 자신감은 다 어디로 갔는가? 어디 내가 한번 실험을 해보겠네." 옆집 대장장이가 호탕하게 웃으면서 말했다.

깡… 청량한 소리와 함께 예기가 넘치는 강도 높은 명검의 울림이 들렸다.

"아니, 이 칼은 자네가 설명하지 않아도 다른 칼과 확실히 다르다네.

강도는 말할 것도 없고 예기가 기존의 것과는 다르네. 자네는 어떻게 이 방법을 터득했는가?" 그 소리를 듣고 다른 대장장이들은 놀라서 물었다.

"다른 칼을 만들기 위해 노력해봤네."

"이 칼을 갖고 한번 거래처에 같이 가보도록 하세."

홍길동과 대장장이들은 기존에 거래하던 업체들을 돌아다니며 새로운 칼에 대해 보여줬다. 새로운 거래를 하자고 따로 설명을 하지 않았다. 거래처 사람들은 새로운 칼의 활용도, 무게 등을 체크하고 나서 먼저 나서서 거래를 하자고 했다.

"이 칼을 보고도 거래를 하지 않는다는 것은 멍청한 것과 다름이 없네. 내 기존의 칼보다 셈은 더 줄 테니 우리와 이 칼을 거래하도록 하세."

물론 위의 내용은 전달력을 높이기 위해 지어낸 이야기다. 하지만 이처럼 만약 본인이 상대방이 원하는 역량이나 제품을 만들 수 있는 역량이 있다면 회사에서 불합격될까? 자기소개서와 이력서는 결국 대장장이에게는 칼과 같다. 만약 대장장이의 칼처럼 매력적인 역량을 갖고 있는 지원자가 회사에 지원하면 어떻게 될까?

아마 지원한 대부분의 기업에서 합격하여 선택해서 원하는 기업으로 취업할 수 있을 것이다. 가장 중요한 것은 읍소하는 것이 아니라 자신이 가지고 있는 역량을 최대한 표현하는 것이다. 회사와 직원과의 관계는 공생하는 관계이다. 물론 대부분의 경우 회사가 갑이 되지만 직원이 갑이 되는 경우도 있다. 직원이 '갑'이 될 수 있는 가장 좋은 방법은 회사에서 본인이 없으면 일이 진행이 되지 않을 정도로 일의 성과를 끌어내고 회사에 기여하면 된다.

실제로 아르바이트생으로 일을 하다가 정규직으로 전환되고 초고속 승진을 이룬 사람의 이야기를 간단하게 하겠다. 홍길순은 엑셀을 아주 잘 다루는 사람이다. 난순히 함수만을 다루는 것이 아니라 VBA 언어를 통한 반복 업무의 경우 코딩으로 자동화시키는 작업을 진행했다. 각 코드들의 경우 스크립트 부분에 복사와 붙여넣기를 하면 사용이 가능했지만 일정 상황이 바뀌면 코드를 변경해야 하는 사례가 종종 발생했다. 자동화에 적응이 된 회사는 스크립트의 변화가 필요할 때마다 홍길순을 불러 수정 보완했다. 결국 업무 효율성 및 다른 프로세스 구축을 위해 홍길순을 정사원으로 특별채용을 진행했고 홍길순은 회사에 기여한 것을 인정받아 초고속 승진까지 이뤄냈다.

물론 현재 이 글을 읽고 있는 독자가 홍길순처럼 특별한 역량이 없을 수도 있다. 하지만 우리는 지금 준비하는 단계다. 일반적으로 취업 준비생들이 준비하는 내용들만 준비하지 말고 실무에서 활용이 가능한 역량을 반드시 개발하자. 증권사 등에서도 VBA를 활용할 수 있는 사람은 특히 우대된다. 읍소하지 말고 당당하게 자신의 특별한 역량을 만들자. 그렇다면 대장장이의 칼처럼 말하지 않아도 자신을 알아주는 기업들이 나타날 것이다.

두괄식으로 작성하라!

'두괄식으로 작성하라!'

아마 자기소개서에 대한 강의를 듣거나 글쓰기에 대한 강좌를 들으면 자주 듣는 이야기가 아닐까 생각한다. 만약에 본인이 두서 없이 이야기를 길게 하는 사람이라면 '도대체 하고 싶은 이야기가 뭔데?' 혹은 '그래서 결론이 뭔데?'라는 말을 자주 들었을 것이다. 만약 이런 이야기를 한 번이라도 들어봤다면 두괄식으로 작성하는 연습을 진행해야 한다. 물론 한국말은 '끝까지 들어봐야 안다'라는 말처럼 우리나라는 일상적으로 이야기할 때 결론을 마지막에 이야기하는 경우가 많다. 그러나 취업 시장에서는 일상처럼 이야기하면 안 된다.

두괄식으로 작성해야 하는 이유는 크게 2가지가 있다. 첫째, 채용 담당자는 시간이 부족하다. 모든 내용을 정독하여 볼 시간상 여유가 없기 때문에 중요한 내용이 무엇이고 이를 통해 어떤 역량을 얻었는지에 대해 빠르게 파악하고 싶어 한다. 글쓰기는 읽는 사람을 배려하여 작성해야 한다. 따라서 소제목을 활용하여 '앞으로 이런 내용에 대해 자세하게 이야기할 것입니다' 정도는 파악할 수 있게 해줘야 한다는 것이다. 실제로 대부분의 채용 담당자가 자기소개서의 소제목 부분을 확인한다.

물론 일반적으로 대부분의 기업들이 모든 자기소개서 내용을 확인하겠지만 시간상 여건이 안 되면 분류해서 볼 가능성도 배제할 수 없다. 우선 소제목만 읽었을 때 내용이 일관성 있고 이야기가 되면 자기소개서를 읽기 시작한다. 소제목(두괄식 표현)에서 끌림을 유발하거나 궁금증을 유발해야 한다. 결국 한정된 시간에 채용 담당자의 이목을 끄는 것도 하나의 능력이라 생각한다.

둘째, 핵심 내용을 강조할 수 있다. 두괄식 표현은 효율성을 중시하는 회사에서 주로 많이 쓰인다. 회사의 언어를 예로 한번 들어보자. 회사에서는 상사가 보고하는 사람한테 자주 하는 말이 있다. '결론부터 간결하게'이다. '직원들의 역량을 향상시키기 위해 강의를 개설하는 것'에 대한 이슈로 상사한테 보고한다고 가정해보자.

보고자의 이야기

강의를 진행해야 하는 이유 혹은 배경 → 진행하면 발생하는 기대 효과 → 진행하기 위해 필요한 자금 및 교육 방법에 대해 이야기를 할 것이다. 왜 이 3가지를 이야기를 할까? 이 3가지만 이야기하면 의사 결정을 진행할 수 있기 때문이다. 어떤 이유(Why)로 교육을 진행해야 하는지, 강의를 진행하고 나면 무엇(What)을 얻어 효율이 상승하는지, 그것을 이루기 위해 얼마(How)가 필요하고 어떻게 교육을 진행할 것인지에 대해 설명하기 때문이다.

또 다른 예도 한번 확인해보자. 보통 40초의 법칙 혹은 1분의 법칙으로 알려져 있다. 이 시간은 회장이 엘리베이터 1층에서 회장실까지 들어가는 시간이라고 한다. 회장은 일반적으로 시간이 별로 없다. 그래서 의사 결정을 엘리베이터 안에서 하는 경우가 종종 있다. 만약 핵심만 간결하게 이야기하지 않는다면 보고자는 회장에게 어떤 대답을 들을 수 없을 것이다. 채용에 있어 자기소개서도 마찬가지다. 채용담당자가 빠르게 내용을 확인할 수 있게 자기소개 내용을 꾸밀 필요가 있다. 그렇다면 두괄식 표현의 예를 한번 확인해보자.

두괄식 표현을 사용하지 않은 예

저는 대학교 3학년 때 프로젝트를 진행했습니다. 프로젝트는 마케팅에 관련한 내용이었습니다. 구체적으로 마케팅전략을 통해 어떤 회사의 매출을 어떻게 끌어올릴지에 대한 프로젝트였습니다. 회의 도중 다양한 기법에 대한 의견이 있었고, SWOT 분석과 BCG 도표로 활용하는 2가지에서 의견 충돌이 생겼습니다. 결국 의견을 낸 두 사람이 싸움을 하게 되었고, 조율이 되지 않는 상황이었습니다. 이때 제가 중재하기 시작했고 2가지를 모두 사용하여 발표하는 방식으로 마무리를 지었습니다. 저는 이 경험을 통해 커뮤니케이션과 양보에 대한 것을 다시 한번 생각하게 되었습니다.

두괄식 표현을 활용한 예

팀 프로젝트에서 '커뮤니케이션'의 중요성

저는 팀 프로젝트를 할 때 가장 중요한 역량은 '커뮤니케이션'이라고 생각합니다. 팀 프로젝트를 진행할 때 구성원의 의견 차이가 발생하면 싸움으로 이어질 수 있고 프로젝트 자체가 무산될 수 있습니다. 저는 대학교 3학년 때 프로젝트를 진행했습니다.

··· 이후 중략

두괄식으로 쓴 것과 쓰지 않은 것의 느낌 차이를 확인할 수 있다. 두괄식의 경우 먼저 자신이 얻은 내용이나 그 글의 핵심 내용에 대해 작성한다. 두괄식으로 쓰지 않은 사례는 채용담당자가 마지막까지 읽어야 지원자가 쓴 글의 내용을 명확하게 이해할 수 있다. 두괄식으로 쓴 사례의 경우 첫 번째부터 '아 커뮤니케이션에 대해 이야기하려고 하는구나. 사례는 대학교 팀 프로젝트군'이라 생각하고 흐름만 쭉 봐도 어떤 내용을 이야기하려는지 파악할 수 있다.

그렇기 때문에 우리는 한 문장으로 모든 내용을 축약하는 연습을 할 필요가 있다. 광고의 카피라이터처럼 한 문장으로 잘 녹여낼 수 있다면 임펙트 있는 강력한 자기소개서를 만들 수 있다. 우선 느낌 있는 한 문장을 만들기 위해 내용을 축약하는 연습부터 시작해야 한다. 지금 바로 자기가 작성한 자기소개서 내용을 축약해보자.

한 문장으로 줄이는 방법

다음 내용 중에서 가장 중요한 키워드들을 뽑는다.

저는 대학교 3학년 때 프로젝트를 진행했습니다. 프로젝트는 마케팅에 관련한 내용이었습니다. 구체적으로 마케팅전략을 통해 어떤 회사의 매출을 어떻게 끌어올릴지에 대한 프로젝트였습니다. 회의 도중 다양한 기법에 대한 의견이 있었고, SWOT 분석과 BCG 도표로 활용하는 2가지에서 의견 충돌이 생겼습니다. 결국 의견을 낸 두 사람이 싸움을 하게 되었고, 조율이 되지 않는 상황이었습니다. 이때 제가 중재하기 시작했고 2가지를 모두 사용하여 발표하는 방식으로 마무리를 지었습니다. 저는 이 경험을 통해 커뮤니케이션과 양보에 대한 것을 다시 한번 생각하게 되었습니다.

핵심 키워드 들을 만들었다면 위 내용을 가지고 한 문장을 만들면 된다.

위의 3가지 키워드로는 2가지 문장이 나올 가능성이 크다.

프로젝트에서 배운 커뮤니캐이션

의견 충돌을 해결하는 답 '커뮤니캐이션'

나온 문장을 다시 다듬는 것이 필요하다. 여기서 얼마나 매력적으로
만드는지가 소제목의 핵심이다.

소통이 안되는 집단은 프로젝트에서 성공할 수 없다.

소통왕, 그것은 바로 나야 나!

소통, 그것은 양날의 검

기업이 필요로 하는 역량을 작성하자

자기소개서를 작성할 때 자기 자신의 역량을 어필하는 것도 중요하지만 회사가 원하는 역량에 대해 강조하는 것도 중요하다. 이해를 돕기 위해 '테트리스' 게임을 한번 생각해보도록 하자. 테트리스는 각 조각이 맞아야 지속적으로 게임을 할 수 있다. 어떻게 보면 회사는 테트리스 게임을 하는 것과 같다. 각각의 부서에 알맞은 사람들이 배치되어야 지속적으로 성장하고 나아갈 수 있기 때문이다. 즉 회사에서 여러 가지 블록이 있는 상황이고 제일 긴 막대가 필요한 상황인데 지속적으로 자신은 '네모의 역량을 갖고 있는 인재다'라고 이야기하면 회사한테는 지금 당장은 필요 없는 인재로 인식될 수 있다.

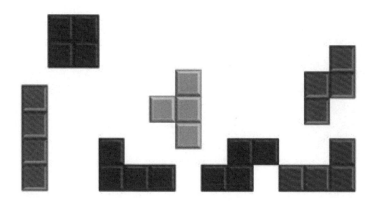

그렇다면 회사에서 필요로 하는 역량을 파악할 수 있는 방법은 무엇이 있을까? 크게 3가지가 있다. 첫째, 회사 홈페이지다. 회사 홈페이지에 들어가면 정말 다양한 정보가 있다. 가장 먼저 확인해야 하는 부분은 인재상과 비전이다. 큰 틀에서 회사가 필요로 하는 역량을 바로 찾아낼 수 있다. 그다음으로 체크해야 하는 부분은 직무다. 본인이 지원하고자 하는 직무에서 필요한 역량, 회사에서 공통적으로 필요로 하는 역량을 정리하고 이에 맞는 자기소개서를 작성할 필요가 있다. 홈페이지에서는 일반적으로 회사가 갖고 있는 이슈 등에 대해 뉴스로 제공하는 탭이 있다. 해당 부분에서 회사가 어떤 부분의 사업을 집중하고 있는지, 그리고 그 사업에 맞는 역량은 어떤 것이 있는지 파악하는 것도 중요하다.

- **역량 정리하는 방법**

내가 필요하다고 생각하는 역량	
회사의 인재상 및 비전에서 바라는 역량	
현재 추진하고 있는 분야에서 필요한 역량	
내가 갖고 있는 역량	

일반적으로 성공하는 사람들이 갖고 있는 역량은 공통적인 부분이 많다. 회사는 이윤을 추구하는 곳이다. 같은 비용으로 가장 좋은 성과를 얻어야 지속적으로 회사를 운영할 수 있다. 그렇기 때문에 회사에서 추구하는 역량이 비슷한 경우가 많다. 그렇다면 어떻게 해야 차별적인 자신만의 역량을 만들어낼 수 있을까? 정답은 위의 표의 내용을 활용하는 것이다. 회사에서 추구하는 모든 역량을 갖출 순 없다. 그 역량들 중에서 자신이 갖고 있는 역량을 확실하게 키우는 것이 중요하다. 특히 회사에서 추진하고 있는 분야에서 필요한 역량을 체크해야 하는 이유는 비슷한 역량을 회사들이 원하기 때문에 무작위 지원자를 걸러내기 위함이다. 대부분의 회사에서 필요한 역량이 비슷하다 보니 회사명만 바꿔서 내도 그럴듯하게 보일 수 있기 때문이다. 내가 필요하다고 생각하는 역량과, 회사에서 바라는 역량, 회사에서 추진하고 있는 역량이 공통적으로 있는 것이 있다면 그리고 그 역량을 본인이 갖고 있다면 그것이야말로 회사에서 원하는 최고의 역량이며 그 회사만의 자기소개서에 들어가는 역량이 될 수 있다.

둘째, 과거의 합격 사례를 살펴보는 것이다. 과거 합격자가 제시했던 자기소개서를 분석하면 그 사람이 제시했던 역량들을 분석할 수 있다. 해당 역량에는 어떤 것들이 있는지 그리고 그 역량들을 어떻게 풀어냈는지 확인하는 것이 중요하다. 물론 똑같이 따라 하라는 것은 아니다.

하지만 벤치마킹해서 나쁠 것은 없다. 벤치마킹을 한다면 그래도 10% 이상은 합격률이 상승할 수 있다. 벤치마킹을 하는 것은 실패할 확률을 줄이는 좋은 방법이다. 사회에서도 잘 되는 것이 있으면 그것을 활용하여 무언가를 개발하는 경우가 많다. 왜 회사에서도 사회에서도 벤치마킹을 하는지 잘 살펴볼 필요가 있다.

마지막으로 현직자를 만나는 것이다. 물론 인사담당자를 만나는 것이 가장 좋긴 하지만 그들을 만나긴 쉽지 않다. 꼭 한번 자기소개서를 작성하기 전에 회사를 방문해보길 바란다. 현직자에게 실질적인 이야기도 듣고 회사에서 실질적으로 필요한 역량, 실무 능력 등에 대해서 파악하게 된다면 적합한 해결책을 제안할 수 있다. 각 기업마다 인사담당자는 다르다. 삼성전자에 합격한 자기소개서가 LG전자에서 100% 합격한다는 보장이 없는 것도 바로 그 이유다. 각 기업마다 채용 담당자가 좋아하는 스타일이 있을 수 있다. 테트리스 게임처럼 적절한 대응으로 채용 담당자의 마음을 사로잡도록 하자.

구체적인 수치를 작성하자

자기소개서를 작성할 땐 반드시 구체적인 수치를 기입해야 한다. 수치를 사용하면 좋은 이유는 근거를 제시할 수 있고 전달력 있게 이야기할 수 있다는 것이다. 아주 간단한 예를 들어보자.

홍길동은 돈이 많다.
홍길동은 200억의 돈을 갖고 있다.

어떤가? 돈이 많다는 기준은 누구에게나 조금씩 차이가 있다. 적어도 200억 정도면 누가 봐도 돈이 많다고 인정할 수 있는 수치이다. 단순히 '돈이 많다'와 '200억 원이 있다' 중 어떤 부분이 더 빠르고 크게 다가왔는가 한번 생각해보자. 아마 후자의 경우가 훨씬 더 크고 빠르게 다가왔을 것이다. 우리는 우리의 기본 정보를 모두 다 알고 있다. 본인의 삶이기 때문에 구체적으로 적지 않아도 '아 난 열심히 했어'라고 말할지도 모른다. 하지만 자기소개서를 보는 사람은 일면식도 없는 채용 담당자이다. 그 사람이 자신의 이야기를 쉽고 빠르게 이해할 수 있게 작성하는 것이 중요하다. 또 다른 예를 들어보자.

자기소개서에 '저는 매일 열심히 금융 지식을 쌓기 위해 금융 서적,

보고서 등을 찾아보며 부단히 노력하고 있습니다.'라는 문장을 작성했다고 가정해보자. 앞의 예와 마찬가지로 사람마다 열심히 노력하는 것에 대한 기준은 다르다. 누구는 하루에 3시간을 하면 열심히 한다고 생각할 수 있고 누구는 5시간은 해야 열심히 했다고 생각할 수 있다. 그렇기 때문에 '부단히 노력하고 있다'라는 표현은 도대체 얼마나 열심히 한 건지 알 수가 없다. 무엇보다 채용 담당자는 공채 시즌에 자세하게 읽고 생각할 겨를이 없다. 뭔가 와닿지 않거나 두루뭉술하다면 쉽게 잊히는 자기소개서가 될 수 있다. 하지만 "저는 매일 금융 지식을 쌓기 위해 하루에 최소 5시간 이상을 금융 서적, 보고서 등을 찾아보며 부단히 노력하고 있습니다."라고 말하면 이야기가 달라진다. 후자에는 단지 5시간이라는 수치를 넣었을 뿐이다. 그렇지만 우리는 이 노력하는 시간이 적지 않다는 것을 알 수 있다. 만약 정말 그 시간만큼 노력하는 것이 사실이라면 '이 사람은 하루에 5시간씩 여러 가지 방법을 통해 공부를 하기 위해 부단히 노력하고 있다. 그 때문에 성실하고 금융에 대한 해박한 지식이 있겠다'라고 자기소개서를 읽는 채용 담당자는 생각한다.

한번 수치가 있는 내용과 없는 내용을 비교해보도록 하자. 해당 글의 큰 흐름은 크게 다르지 않을 것이다. 다만 수치가 있는 것과 없는 것은 확실한 임팩트 부분에서 차이가 발생한다.

수치가 없는 것

저는 스스로 모소 대나무라고 생각합니다. 모소 대나무는 특별한 외형 성장 없이 뿌리만 내리다가 일정 시점부터 폭발적인 외형 성장을 합니다. 전 우리은행의 행원이 되기 위해 뿌리를 내렸습니다. 제가 내린 뿌리를 토대로 우리은행에 입행하여 폭발적인 성장을 하겠습니다. 저는 여러 가지 도전을 진행했습니다.

우선 첫 번째로 남다른 도전을 하였습니다. FCBTS 금융 학회에서 매일 새벽부터 경제지표분석, 경제동향분석을 공부하였습니다. 팀별로 팀원들과 함께 삼성 리서치 보고서와 미니스톱 M&A 피치북을 작성하며 분석력과 팀워크, 키뮤니케이션 능력을 키웠습니다. 이러한 능력은 금융권 입사한 후 저의 영업력을 발휘할 수 있는 든든한 기반이 될 도전이었습니다.

둘째, 배움에 열정을 보였습니다. 은행 기본 업무를 위한 금융 서비스를 배우기 위해 서비스 엑설런스 연구소에서 인턴 생활을 했습니다. 인턴 기간 동안 서비스 전문가에게 모니터링을 배우며 고급 금융 서비스에 대한 이해와 분석력을 길렀습니다. 기본적인 서비스 태도를 위해 인사 연습을 하는 등 배움에 끊임없는 열정을 보였습니다.

셋째, 끊임없는 자기 계발 통해 많은 자격증을 취득했습니다. 농협, 서비스 회사 인턴, 독금사 멘토 등 다양한 대외활동을 진행하며 다양한 경험과 인적 네트워크를 쌓기 위해 노력했습니다. 그 결과 총장 추천서 및 다양한 대외활동 수료증과 경험을 얻으며 노력에 대한 성취감을 맛 봤습니다.

넷째, 주변 지인들이 저를 어떻게 생각하는지 궁금했습니다. 이에 지인에게 저에 대한 긍정적인 요소에 대한 부분을 평가 작성해 달라고 부탁했습니다. 그 결과 공통적으로 신뢰, 친화력, 추진력을 저의 강점으로 표현해 줬습니다. 저는 이 강점을 더욱 살리기 위해 현재까지 심리적인 공부와 커뮤니케이션 역량을 키우는 노력을 하고 있습니다.

앞서 말씀드린 경험들은 도전, 열정, 성취, 신뢰에 대해 증명하고 있습니다. 이는 입행 이후 우리은행의 핵심가치를 실천하는데 든든한 기반이 될 것이라 생각합니다.

수치가 있는 것

저는 스스로를 모소 대나무라고 생각합니다. 모소 대나무는 4년간 외형 성장 없이 뿌리만 내리고, 5년이 지난 시점부터 폭발적인 외형 성장을 합니다. 전 우리은행의 행원이 되기 위해 4년간 뿌리를 내렸습니다. 제가 내린 뿌리를 토대로 우리은행에 입행하여 폭발적인 성장을 하겠습니다. 전 크게 4가지 뿌리를 내리는 도전을 진행했습니다.

첫째, '남다른 도전'을 진행했습니다. FCBTS 금융 학회에서 매일 새벽 6시부터 경제지표분석, 경제동향분석을 공부하였습니다. 팀별로 6명의 팀원과 함께 삼성 리서치 보고서와 미니스톱 M&A 피치북을 작성하며 분석력과 팀워크, 커뮤니케이션 능력 3가지를 특히 얻을 수 있었습니다. 이 3가지는 금융권에 입사한 이후 저의 영업력을 발휘할 수 있는 든든한 기반이 될 도전이었습니다.

둘째, 배움에 열정을 보였습니다. 은행 기본 업무를 위한 금융 서비스를 배우기 위해 서비스 엑설런스 연구소에서 2개월 동안 인턴 생활을 했습니다. 매일 2시간씩 현장 실습과 서비스 보고서 작성으로 서비스 전문가에게 모니터링을 배우며 고급 금융 서비스에 대한 이해와 분석력을 길렀습니다. 기본적인 서비스 태도를 위해 인사 연습을 매일 5시간씩 연습하는 등 배움에 끊임없는 열정을 보였습니다.

셋째, 끊임없는 자기 계발 통해 30개의 자격증을 취득했습니다. 농협, 서비스 회사 인턴, 독금사 멘토 등 총 10가지 대외활동을 진행하며 다양한 경험과 인적 네트워크를 쌓기 위해 노력했습니다. 그 결과 총장 추천서 및 다양한 대외활동 수료증 총 13개를 얻었습니다. 각각의 노력에 따른 결과물을 보며 노력에 대한 성취감을 맛봤습니다.

넷째, 주변 지인들이 저를 어떻게 생각하는지 궁금했습니다. 총 22명의 지인에게 저에 대한 긍정적인 요소에 대한 부분을 평가 작성해 달라고 부탁했습니다. 그 결과 공통적으로 15명이 신뢰, 13명이 친화력, 10

명이 추진력을 저의 강점으로 표현해 줬습니다. 저는 이 3가지 강점을 더욱 살리기 위해 현재까지 심리적인 공부와 커뮤니케이션 역량을 키우는 노력을 하고 있습니다.

앞서 말씀드린 뿌리 4가지는 도전, 열정, 성취, 신뢰에 대해 증명하고 있습니다. 이는 입행 이후 우리은행의 핵심가치 4가지를 실천하는 데 든든한 기반이 될 것이라 생각합니다.

이처럼 같은 내용이라도 수치를 활용하면 크게 강조가 된다. 두 내용을 비교하여 어떤 부분이 더 임팩트 있는지 한번 곰곰이 생각해보자. 그리고 위의 예시와 같이 자신의 자기소개서에서 수치가 없다면 수치를 적용하여 작성을 해보자.

기본 중의 기본은 지키자

거짓말 같지만 자기소개서를 제출할 때 오탈자나 맞춤법 검사가 되어 있지 않은 자기소개서가 생각보다 많다. 일반적으로 사람은 '잘못'된 부분을 빠르게 인식한다. 자기소개서처럼 중요한 문서에 오탈자가 있다는 것은 합격에 큰 지장을 줄 수 있다. 우선 기본적으로 맞춤법 검사를 하는 방법부터 알아보자.

맞춤법 검사하는 방법도 여러 가지 있을 수 있지만 기본적으로 [네이
버 맞춤법 검사기]를 활용하는 것을 추천한다. 네이버 맞춤법 검사기
외에도 사람인 등 각종 취업 사이트에서 제공하는 맞춤법 검사기와 글
자 수 세기 프로그램을 활용할 수도 있다.

맞춤법 검사 활용 Tip

1. 네이버에서 맞춤법 검사기를 검색한다.

2. 내용을 나눠서 입력한다.

네이버 맞춤법 검사기의 경우 500자 단위로 진행할 수 있다. 일반적으로 다른 맞춤법 검사기의 경우 모든 글이 한 번에 들어가기 때문에 보다 세부적으로 점검하기 위해 나눠서 입력해야 하는 네이버 맞춤법 검사기를 활용하는 것이 좋다. 만약 본인이 표현을 조금씩 바꿔서 진행하고 싶다면 사람인 맞춤법 검사기를 추천한다.

사람인 맞춤법 검사기 Tip

1. 네이버에서 '사람인 맞춤법검사기'를 검색한다.
2. 해당 내용을 넣고 검사 시작을 클릭한다.

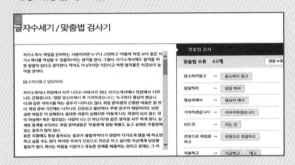

사람인의 경우 맞춤법 오류뿐만 아니라 대체할 수 있는 문구도 알려준다. 표현 부분까지 다루고 싶다면 해당 프로그램을 활용하는 것을 추천한다.

맞춤법뿐만 아니라 자기소개서에서 자주 실수하는 부분은 바로 '복사+붙여넣기'다. 채용 시즌이 되면 다양한 기업들에 같은 자기소개서를 그대로 기입하는 경우가 있다.

일반적으로 자기소개서에는 특정한 회사의 '이름'이 들어가는 경우가 많다. 만약 '우리은행'에 지원하는데 자기소개서에 '신한은행'의 이름이 나온다면 그 자기소개서는 불합격할 가능성이 크다. 간혹 다른 회사의 이름을 기입했는데도 합격하는 경우가 있다. 이는 은행원에 대한 적합한 역량이 있어서 물론 합격을 했겠지만 '운'도 많이 따라줬다고 생각하고 조심하는 것이 좋다.

적어도 회사에 지원하기 위해서는 기본 중의 기본은 지키는 것이 필요하다. 만약 대충 했는데 입사가 된 회사라면 그만큼 나오기도 쉬울 수 있다. 회사와 취업 준비생 모두에게 해당 부분은 좋지 않다.

4장

면접관을
사로잡는
면접 시크릿

면접관의 질문과 의도를
이해하고 답변하라

"간단하게 자기소개해주세요"

떨리는 가슴을 추스르고 지원자는 대답하기 시작한다.

"면접관님들. 카라비너를 아시나요? 카라비너는 등반할 때 가장 많이 사용하는 널리 알려진 필수 장비입니다. 암벽가들의 안전을 책임지는 카라비너처럼 회사와 고객의 신뢰를 책임질 지원자 OOO입니다.

저는 크게 3가지 역량을 활용해 고객의 만족을 책임지겠습니다.

첫째, 소통 능력입니다. 저는 5년간 약 7천 시간의 아르바이트를 진행하며 수많은 고객을 응대한 경험이 있습니다. 총 3번의 CS 친절상을 받을 만큼 고객과의 소통을 잘 이뤄내고 있습니다. 해당 경험을 활용하여 ○○ 회사에 찾아오는 고객과 진정한 교감을 이뤄내겠습니다.

둘째, 전문성입니다. 저는 해당 직무에서 근무하기 위해 관련 2번의 인턴 경험과 7개의 관련 자격증을 취득했습니다. 실무와 이론의 직간접적인 경험들을 통해 빠르게 ○○ 인으로 성장하겠습니다.

마지막으로 문제해결 능력입니다. 과거 ○○ 회사가 고객의 신뢰를 잃어 큰 위기에 처한 적이 있습니다. 이때 소책자 제작을 통해 고객들의 신뢰를 끌어낼 수 있는 회사의 내용을 작성했고 이에 따라 고객의 신뢰를 회복해 매출을 올린 경험이 있습니다.

이런 노하우를 활용하여 ○○ 기업에도 긍정적인 결과를 끌어내겠습니다. 감사합니다"

이어 다른 사람들의 자기소개가 끝난 뒤 면접관이 다시 물었다.

"카라비너를 활용한 이유가 무엇인가요?"

"네 카라비너는 앞서 말씀드린 대로 등반객의 안전을 책임지는 고리입니다. 카라비너가 가진 효과처럼 ○○ 회사에 이바지하는 인재가 되고 싶어 사용했습니다" 지원자가 대답했다.

"5년 동안 7천 시간 동안 수많은 고객을 응대했는데 이를 통해 얻은 것은 무엇인가요?"

"가장 중요한 것은 고객이 원하는 것을 해주는 것이라는 것입니다.

본인이 제공할 수 있는 더 좋은 서비스가 있어도 결국 고객이 원하지 않으면 그것은 좋은 서비스가 아니라 좋지 않은 서비스가 되는 것입니다. 고객과 소통하고 고객이 만족할 수 있는 서비스를 제공하는 것이 제가 5년 동안 근무하며 배운 것입니다."

"네, ○○지원자 고생했어요. 다음 지원자에게 묻겠습니다."

해당 사례는 면접관의 질문에 면접자가 아주 잘 대처한 예시이다. 우리가 앞으로 면접을 경험하다 보면 수많은 면접 질문을 받게 된다. 만약 우리가 모든 대답에 능숙하게 대처할 수 있다면 면접에서 고민할 필요가 없다. 그렇지만 예상치 못한 질문을 듣게 됐을 때 우리는 대답을 잘 하지 못하고 결국 면접에서 실패하게 된다. 우리는 면접을 보는 이유와 질문에 대해 연구하고 공부할 필요가 있다.

우선 면접을 보는 이유에 대해 한번 생각해보자. 자기소개서의 경우도 지원자의 성향을 빠르게 파악할 수 있다. 하지만 일정 기간 동안 작성할 수 있고 다른 사람이 대신 작성해줄 수도 있다. 면접은 다른 사람이 대신할 수 없다. 면접은 물어보는 그 순간 해당 질문을 소화하고 관련된 대답을 능숙하게 해야 한다. 위기의 순간에 평소에 자기가 잘 못하는 것을 잘 할 수 있을까? 그렇지 않다. 평소에 못하는 것은 위급한 상황에서는 더 잘하지 못한다. 긴장하고 경직될수록 평소의 모습과는 다른 자신의 모습이 나온다. 자기소개에서도 강조했지만 기업은 이윤을 추구하는 곳이다. 회사에서 일을 하다보면 수많은 변수들이 발생한다. 만약 회사에 큰 영향을 줄 수 있는 일이 있는데 관련된 내용에 대해 도와줄 직원이 없거나 그럴 수 없는 상황이라면 어떨까? 긴장되는 면접 장소에서도 능숙하게 하는 사람과 그렇게 하지 못하는 사람은 실무에서도 문제를 일으키거나 자기소개서에서 작성한 내용과 큰 차이가 발생될 수 있다. 회사 입장에서는 그런 리스크를 짊어질 필요가 없다. 따라서 면접은 자기소개서에서 확인할 수 없는 부분을 확인하기 위한 프로세스이다. 면접을 준비하는 사람이라면 자기소개서와의 다른 점을 찾아서 준비할 필요가 있다는 것이다.

그렇다면 면접에서 질문의 의도를 파악해야 하는 이유는 무엇일까? 면접관이 시간이 남아서 질문을 하는 것일까? 절대 그렇지 않다. 면접관이 질문을 하는 이유는 해당 질문을 통해 짧은 시간에 얼마나 효율적으로 대답을 하는지 확인하기 위함이다. 면접에서 중점적으로 체크하는 하는 부분은 크게 3가지인데 '순발력', '논리성', '표정'이다.

순발력

순발력에 대한 예를 들어보자. 예를 들어 면접관이 다음과 같이 물어봤다고 가정해보자.

"최근 우리 회사와 관련된 뉴스는 무엇이 있었나요?"

어떻게 대답해야 할까? 크게 2가지 방법이 있다. 순발력은 질문을 받았을 때 얼마나 빠르게 해당 내용을 이해하고 논리적으로 말하는가를 확인하는 부분이다. 방송에서는 3초 동안 침묵이 흐르면 방송 사고라고 한다. 면접에서도 마찬가지다. 만약 순간적으로 대답하기 어렵다고 하면 "면접관님 잠시만 생각해보겠습니다" 혹은 "음 이제 곧 답변드리겠습니다"와 같은 멘트를 통해 5~10초를 확보할 수 있다. 해당 내용으로 시간을 잠시 번 이후 짧은 시간 안에 대답하면 된다. 만약 2번째 예처럼 말을 풀어서 하기 어렵다고 했을 땐 "솔직하게 말씀드려서 잘 모르겠습니다. 혹시 다른 질문 있으시면 그 질문에는 제가 열심히 답해보겠습니다."와 같은 대답으로 해결해야 한다.

해당 사항을 알 때

"네, 면접관님 답변드리겠습니다. ○ 월 ○○ 일 ○○ 신문사에서 회사가 앞으로 나아가는 사업에 대한 기사가 나온 적이 있습니다. 해당 신문에서는 추진하는 과업에 따라 회사의 성장에 큰 영향이 있을 것이라 말했습니다. 저도 그 기사를 보고 회사의 과업에 도움이 될 수 있는 부분이 어떤 것이 있는지 찾고 준비하고 있습니다."

해당 사항을 알지 못할 때

"네, 면접관님 답변드리겠습니다. 사실 정확하게는 잘 모르겠습니다. 다만 제가 ○○ 회사에 입사하기 위해 준비하던 중 회사에서 ○○ 사업을 추진하고 있는 사업에 대한 기사는 확인했습니다. 해당 내용이 가장 최신인지는 모르겠지만 해당 기사는 확인했습니다."

이렇듯 질문을 받으면 최대한 신속하게 답변해야 한다. 면접을 보는 시간은 한정적이다. 그렇기 때문에 자신에게 주어진 질문의 숫자와 시간도 한정적이다. 자신이 활용하지 못한 시간은 다른 지원자에게 넘어간다. 능숙하게 어떤 질문이 들어오더라도 신속하게 답변할 수 있도록 많은 연습이 필요하다.

논리성

무조건적으로 빠르게 대답하는 것만이 중요한 것이 아니다. 해당 질문에 얼마나 논리적으로 대답하느냐도 그에 못지 않게 중요하다. 예를 들어보자.

"회사에서 추진하고 있는 사업에 대해 이야기하고 관련된 부분에서 어떤 역량이 필요할지 본인의 생각을 이야기해주세요"

면접관이 질문했다.

잘못된 예

"네, 답변드리겠습니다. 회사에서 치중하고 있는 사업은 영업점 고객 유치입니다. 최근 가사에서 업계의 지점 영업이 좋지 않다는 내용을 봤습니다. 이에 따라 영업점에 고객을 유치하는 부분을 회사에서 크게 치중하고 있는 사업이라고 생각합니다. 아무래도 지점 영업이다 보니 필요한 역량은 '영업력', '신뢰성', 'CS 능력'이라고 생각합니다.

잘된 예

"네, 답변드리겠습니다. 회사에서 추진하고 있는 사업은 크게 3가지 사업입니다. 해당 사업은 직접 영업점 직원에게 들었던 내용과 기사 및 홈페이지에서 찾은 내용들을 종합하여 말씀드리는 것입니다.

첫째, 인터넷은행 설립입니다. 최근 지점 영업이 잘되지 않아 인터넷은행을 통해 직원의 수는 줄이고 효율은 높이는 사업이 커지고 있습니다. 관련된 부분에서는 IT 역량, 매뉴얼 작성 등의 역량이 중요하다고 생각합니다.

둘째, 신규 프로모션 행사 제품 만드는 프로젝트입니다. 지점 영업이 줄어드는 이유는 다변화되는 흐름도 있지만 결국 매력적인 상품이 부족하기 때문입니다. 해당 제품을 성공적으로 만들기 위해서는 '기획력', '마케팅 능력'이 필요하다고 생각합니다. 저는 해당 능력을 확보하기 위해 ○○ 회사에서 마케팅 직무 근무를 ○○ 회사에서는 지점 영업을 키우기 위해 프로젝트 기획을 3번 맡은 적이 있었고 관련 프로젝트를 진행하는 동안 평균 매출액이 약 10% 이상 늘었습니다.

마지막으로 인도 등 해외 사업입니다. 최근 트렌드는 국내에 한계를 두는 것이 아닌 해외를 통한 신규 고객들을 창출하는 것입니다. 지역이 다르기 때문에 문화가 다를 수 있어 '문화성', '어휘력' 등의 역량이 필요하다고 생각합니다. 동사가 해당 부분으로 진출한다는 이야기를 접한 이래로 3달 동안 해당 언어를 익히기 위해 학원 등을 다니며 배웠고 현재 간단한 일상 대화는 가능한 상황입니다. 이상입니다.

면접관이 질문한 것에 대한 논리적인 답변이 필요하다. 해당 내용을 왜 물어봤고 대답한다면 왜 그렇게 대답했는지 명확하게 이야기를 해야 한다. 명확한 근거 없는 이야기는 좋은 평가를 받을 수 없다. 항상 이야기하기 전에 적어도 What, Why, How에 대해 생각하고 이를 활용하여 답변하는 연습을 진행해야 한다.

표정

표정이 무엇보다 중요하다는 것은 다들 인식하고 있을 것이다. 문제는 우리가 어떤 표정을 짓고 있는지 평소에는 알 수 없다는 것이다. 경직된 표정으로 대답하는 사람과 편안한 미소를 짓고 대답하는 사람 과연 어떤 사람에게 호감이 갈까? 당연히 편안한 미소를 짓고 있는 사람에게 호감이 갈 수밖에 없다. 면접 장소는 누구나 긴장을 할 수밖에 없는 곳이다. 그런 곳에서 여유로움을 유지할 수 있는 것은 그만큼 자신이 쌓아온 역량, 경험 등이 자신이 있다는 것이다. 항상 표정을 신경 써서 이야기하자. 그리고 평소에 미소 짓는 연습을 하여 입꼬리가 자연스럽게 올라가는 미소를 만들어야 한다.

표정을 연습하는 방법에는 여러 가지가 있지만 그중에서도 가장 쉽게 활용하기 좋은 방법은 '개구리 뒷다리~' 방법이다. 개구리 뒷다리~라고 이야기하면서 입꼬리를 최대한 올리면서 그 시간을 유지하는 것이다. 유튜브 같은 곳에서 검색하면 쉽게 찾아서 익힐 수 있다. 이 연습을 많이 하게 되면 조금만 웃어도 미소 짓는 모습으로 보이기 때문에 여유 있는 모습처럼 비칠 수 있다.

면접장소에서 지켜야 할
4가지 태도

면접에서 반드시 지켜야 할 4가지 태도가 있다. 최소한 이것들은 지켜져야 원활한 면접을 진행할 수 있다. 합격의 당락에 큰 영향을 줄 수 있는 면접실 안에서의 태도. 과연 무엇들이 있는지 알아보자. 우선 홍길동의 예를 확인해보자.

자신감을 유지하라

"OO 지원자부터 자기소개 한번 해보세요"

면접관이 지원자들을 보며 이야기했다. 홍길동은 3번째 지원자로 면접에 임하고 있다. 홍길동은 면접 경험이 별로 없고 쟁쟁한 사람들 틈에 있는 것 같아 걱정을 하고 있는 상황이다. 홍길동의 마음도 모른 채 면접은 어느덧 본격적으로 시작됐다.

"안녕하세요. OO 기업에 지원한 첫 번째 지원자 OOO입니다.

저는 복숭아 같은 사람입니다. 이처럼 말씀드리는 것에는 3가지 이유가 있습니다.

첫째, 복숭아는 맛도 좋고 향도 좋아 남녀노소 모두에게 인기 있는 과일입니다. 이처럼 저는 고객뿐만 아니라 사내 직원들과의 원활한 소통을 진행하겠습니다.

둘째, 복숭아는 부드러운 외형과는 달리 내부에는 단단한 씨앗을 갖고 있습니다. 이처럼 저는 자기 계발과 가치 증진이라는 신념을 갖고 꾸준히 정진하겠다는 포부를 갖고 있습니다.

마지막으로 복숭아는 불로장생의 명약으로 알려져 있습니다. 이처럼 높은 로열티를 갖고 OO 회사에 이바지하는 OO이 되겠습니다. 감사합니다."

첫 번째 지원자가 자신감 있는 표정으로 대답했다.

"네. 좋습니다. 두 번째 지원자 간단하게 자기소개 부탁드립니다." 면접관의 이야기가 끝나자마자 두 번째 지원자도 자신의 자기소개를 시작하기 시작했다.

"면접관님들. 카라비너를 아시나요? 카라비너는 등반할 때 가장 많이 사용하는 널리 알려진 필수 장비입니다. 암벽가들의 안전을 책임지는 카라비너처럼 회사와 고객의 신뢰를 책임질 지원자 OOO입니다.

저는 크게 3가지 역량을 활용해 고객의 만족을 책임지겠습니다.

첫째, 소통 능력입니다. 저는 5년간 약 7천 시간의 아르바이트를 진행하며 수많은 고객을 응대한 경험이 있습니다. 총 3번의 CS 친절상을 받을 만큼 고객과의 소통을 잘 이뤄내고 있습니다. 해당 경험을 활용하여 OO 회사에 찾아오는 고객과 진정한 교감을 이뤄내겠습니다.

둘째, 전문성입니다. 저는 해당 직무에서 근무하기 위해 관련 2번의 인턴 경험과 7개의 관련 자격증을 취득했습니다. 실무와 이론의 직간접적인 경험들을 통해 빠르게 OO 인으로 성장하겠습니다.

마지막으로 문제해결 능력입니다. 과거 OO 회사가 고객의 신뢰를 잃어 큰 위기에 처한 적이 있습니다. 이때 소책자 제작을 통해 고객들의 신뢰를 끌어낼 수 있는 회사의 내용을 작성했고 이에 따라 고객의 신뢰를 회복해 매출을 올린 경험이 있습니다.

이런 노하우를 활용하여 OO 기업에도 긍정적인 결과를 끌어내겠습니다. 감사합니다."

두 번째 지원자도 자신감 있게 대답했다. 드디어 홍길동의 면접 차례가 왔다. 앞의 지원자들이 너무 잘해서인지 홍길동은 눈앞이 어지럽고 숨이 턱턱 막히는 기분이 들었다. 너무나도 긴장된 영향인 듯했다. 홍길동은 더듬거리며 자신의 자기소개를 시작했다.

"안.. 안녕.. 하세요. OO 기업에 지원한 홍길동..입니다.

음.. 저의 장점은.. 크게 3가..지로 말씀.. 드릴 수 있습니다.

첫째, 신뢰감입니다. 저.. 저는.. 주변 사람들로부터 신뢰감을 받고 있습니다. 이렇게.. 설명드리는 이유는.. 어... 주변 사람들이 제가 하는 행동을 보고.. 믿음직스럽다고 말했기 때문입니다.

둘째, 추진력입니다. 저..저는 어떤 일을.. 진행하면.. 반드시 수행하는 자신.. 감을 갖고.. 있습니다. 음...예를 들어..음...

죄송합니다... 다시 시작하겠습니다.. 안녕하세요 저는 OO 기업에 지원한 홍길동입니다.

...중략"

홍길동의 예를 보면 다른 지원자와 차별화된 점이 무엇일까? 바로 '자신감'이라는 것을 알 수 있다. 홍길동이 눈앞이 캄캄해진 것도 호흡이 거칠어진 것도 자신감이 부족하기 때문이다. 예를 들어 만약 본인이 달리기가 국가 대표 수준의 역량을 보유하고 있다고 가정해보자. 만약 해당 역량을 갖고 있는 상황에서 달리기 시합을 한다면 자신감 없는 태도를 갖고 있을까? 전혀 그렇지 않을 것이다.

자신감은 본인이 생각하기에 일정 수준의 능력이 된다고 생각하면 자연스럽게 몸에 배어 나오게 된다. 물론 면접에서 자신이 갖고 있는 역량이 국가 대표급이 아니라고 해도 면접에서는 인위적으로라도 그 자신감을 만들어내야 한다. 분위기라는 것은 사람의 인상을 평가할 때 큰 부분으로 적용되기 때문이다. 그리고 면접장에 들어온 이상 절대적으로 '다른 사람과 나의 수준은 비슷하다'고 생각해야 한다.

일반적으로 대중 앞에서 이야기를 할 때 떨리는 이유는 잘 하고 싶은 마음 때문이다. 준비가 잘 되어 있으면 약간 긴장은 되지만 호흡이 가빠지거나 시야가 흐려질 정도로 긴장하지는 않는다. 만약 자격증 공부를 어중간하게 해서 합격할지 못할지 긴가민가한 상황이라고 가정해보자. 이때 시험을 보면 시험 보는 내내 떨리고 긴장되고 합격 발표가 나올 때까지 발을 동동 구를지 모른다. 만약 시험공부를 완벽하게 하고 모의고사도 100점씩 나왔다고 가정해보자. 이런 사람은 시험 볼 때 크게 긴장하지 않고 시험을 진행할 것이다. 물론 취업 면접은 시험과는 다른 점이 있다. 하지만 적어도 잘 준비했다면 자신에게 자신이 있다면 위의 사례처럼 면접을 진행하지 않았을 것이다.

　면접에서 가장 중요한 요소 중 첫 번째는 자신감이다. 스스로를 믿지 못하면 타인에게도 신뢰를 줄 수 없다. 면접에서 아무리 대단한 사람을 봐도 긴장할 필요가 없다. 취업은 자신보다 월등한 사람들과 경쟁하는 것이 아니다. 그렇기 때문에 능력이 좋은 사람이 무조건 합격되는 것도 아니다. 물론 취업이라는 것이 자신의 삶에 큰 영향을 주는 부분이기 때문에 중압감에 시달릴 수 있다. 정신적 압박이 없을 수는 없지만 같은 면접 장소에 있기 때문에 그때만큼은 동등한 수준에 있다고 생각해야 한다. 그것이 바로 '자신감'이다. 자기 자신도 자신을 못 믿는데 회사에서 본인을 믿어야 할 이유가 전혀 없다.

　취업은 결국 회사에 자신이 갖고 있는 역량, 경험, 적응력 등을 잘 보여주면 좋은 결과를 얻을 수 있다. 무엇보다 면접장 안에서 면접을 잘 진행하지 못하면 다시 그 사람들을 볼 가능성은 적다. 한 번밖에 없는 기회고 그 자리에서 실수하면 다음은 없다. 면접을 망치고 집에 와서 이불을 발로 차지 말고 면접 장소에서 최선을 다하자. 면접장에서 자신이 가지고 있는 모든 것을 쏟아내고 온다고 생각하면 된다. 그렇게 하면 저절로 자신감이 생긴다.

일관성을 유지하라

면접에서 지켜야 할 2번째 태도는 바로 일관성을 유지해야 한다는 것이다. 취업 준비생은 서류부터 면접까지 내용을 일관성 있게 유지해야 한다. 만약 앞에서 이야기한 부분에 대한 내용을 면접의 뒷부분에서 불리하게 질문한다고 해서 그 내용을 바꾸면 긍정적인 점수를 받을 수 없다. 말을 바꾸는 것은 거짓말을 하는 것과 다를 바 없기 때문이다. 그렇기 때문에 일관성 있게 면접의 흐름을 유지하는 것이 중요하다. 예를 들어 한번 살펴보자.

"OO 지원자를 보면 굉장히 외형적인 사람인 것 같은데 맞나요?"

"네 맞습니다. 저는 밖에서 외부의 사람들을 만나는 것을 좋아하고 이야기하는 것을 좋아합니다. 이에 어떤 직무를 맡더라도 잘 진행할 수 있습니다."

면접 시간 중 5분 뒤…

"OO 직무는 분석을 진행해야 하기 때문에 내향적인 사람이 잘 맞는 직군이거든요. 아까 외향적이라고 했는데 이런 직군에서 잘 진행할 수 있겠나요?"

"네, 아까는 저의 외향적인 부분을 강조했습니다. 하지만 저는 내향적인 부분도 갖고 있습니다. 그렇기 때문에 걱정하지 않으셔도 될 것입니다." 홍길동이 대답했다.

홍길동은 대답하면서도 얼굴이 상기되는 것을 느꼈다. 앞에 이야기한 내용과 전혀 상반된 내용을 했기 때문이다. 이 직군이 내향적인 사람을 우대하는지 몰랐고, 급한 마음에 거짓말을 했지만 면접관의 표정이 그다지 좋지 않다는 것을 느꼈다.

"네 알겠습니다."

면접관은 대답했고 이후 면접이 끝날 때까지 다른 질문이 들어오지 않았다. 결국 면접장을 나올 때 기분이 좋지 않았고 역시나 '불합격' 통지를 받았다.

위 사례에서 홍길동이 실수한 부분은 무엇일까? 바로 일관성 있게 이야기하지 않고 거짓말을 했다는 것이다. 분명 자기소개서 내용과 초반 면접의 내용은 외향적인 성격에만 집중되어 이야기를 하고 있다. 하지만 면접관의 '내향적인 부분'의 중요성에 대한 이야기를 듣고 바로 말을 바꿨다.

면접관은 수많은 지원자가 이야기하는 것을 보고 듣고 평가하는 사람이다. 그렇기 때문에 거짓말로 응대를 하면 쉽게 알아차릴 수 있다. 애초에 사람은 완벽하지 않다. 그리고 회사가 원하는 모든 것을 갖추기는 어렵다. 다만 완벽해지기 위해 끊임없이 노력하고 있는 상황인 것이다. 만약 면접관이 '내향적인 부분'을 강조했다면 '외향적인 부분'에서 업무적 강점을 나타낼 수 있는 부분을 찾아 그것을 더욱 강화해서 이야기를 했어야 한다는 것이다. 다만 내향적인 부분이 부족한 것은 다른 방법으로 충분히 만회하고 노력하겠다고 첨언하는 것도 중요하다. 물론 모든 불리한 질문에 너무 솔직하게 답변을 하면 안 된다. 적절하게 포장하는 것은 중요하다. 다만 하나의 위기를 모면하기 위해 기존에 이야기하던 모든 것들을 송두리째 다르게 이야기하면 안 된다는 것이다.

만약 다음과 같이 이야기를 했다면 조금은 다른 평가가 나왔을지도 모른다.

"네. 면접관님 말씀하신 대로 분석을 주로 하는 업무는 내향적인 사람이 더 잘 어울릴 수 있다고 생각합니다. 하지만 저는 관련된 내용을 확인하기 위해 활동적으로 직접 살피고 오겠습니다. 통계적인 수치는 항상 옳다고는 할 수 없습니다. 내향적인 사람들은 이 부분을 채울 수 없기 때문에 저의 역량을 활용하여 내향적인 사람들이 채울 수 없는 부분까지 다룰 수 있는 OO 직군의 전문가가 되도록 하겠습니다.

자신이 갖고 있는 역량에 대한 부정을 하는 것이 아니라 해당 내용을 특화하여 다른 지원자와의 차별화로 센스 있게 대답하고 있다. 만약 면접장에서 순식간에 이런 내용으로 답변한다면 '문제해결 능력', '창의력' 등 다양한 부분에서 긍정적인 점수를 받을 수 있다.

자신의 소신을 쉽게 꺾지 말자. 자신의 소신을 쉽게 꺾으면 신뢰도에 문제가 생긴다. 보통 자신의 말을 잘 바꾸는 사람은 이직도 잘하는 경향이 있다. 물론 이는 하나의 선입견일 수 있다. 하지만 평가하는 사람이 그렇게 판단하여 부정적으로 점수를 주는 어쩔 수 없는 상황이라는 것이다. 자기소개서의 내용부터 면접의 내용까지 일관성을 유지하는 것은 중요하다. 불리하더라도 최대한 자신이 강하게 이야기한 역량을 활용하여 센스 있는 답변을 하기 위해 노력하자.

경청의 자세를 갖자

취업 준비생들이 대부분 실수하는 내용이 있다. 그것은 바로 자신이 이야기하는 시간이 끝나면 면접에 대한 평가가 끝났다고 생각하는 것이다. 하지만 이는 매우 위험한 생각이다. 지원자가 발언하는 시간 이외에도 평가하는 시간들이 있다. 예를 들면 대기하는 장소, 이동 시 태도, 면접장

안 태도, 퇴실 시 태도 등이 있다.

　일반적으로는 대기 장소, 이동 시, 퇴실 시에는 주의를 하는 편인데 면접장 내에서 자신의 발언이 끝나면 긴장을 푸는 경우가 대단히 많다. 하지만 자신의 발언이 끝나는 그 순간부터 다른 평가가 들어간다. 왜 면접관이 여러 명이 있는지 확인해야 한다. 면접장은 인생의 가장 큰 첫 단추를 끼우는 장소다. 그런 곳에서 다른 지원자가 이야기하는 내용을 경청하지 않거나 면접관의 질문을 잘 알아듣지 못하는 지원자도 생각보다 많다. 회사의 경우 팀 프로젝트로 업무가 진행되기 때문에 '커뮤니케이션 능력'을 중점적으로 체크한다. 대화의 기본은 경청이다. 하물며 신입 사원의 경우 자신이 이야기하는 시간보다 상사의 이야기를 경청하는 시간이 더 많을 수밖에 없다.

　이 역시 사례를 들어 확인해보자.

　총 A, B, C 지원자가 5명의 면접관과 함께 多대多 면접을 진행하고 있다. A는 1분 자기소개를 진행했고 총 3가지의 질문을 받았다. 무사히 답변을 완성한 A는 빨리 시간 면접 시간이 끝나기를 바라고 있었다.

　B는 면접관의 질문에 지속적으로 답변을 하고 있다.

"네, 면접관님. 면접관님이 말씀하신 것처럼 학점이 부족하다는 것은 성실성에 문제가 있을 수 있습니다. 저의 개인적인 생각으로는 3.0 즉 B 이상이면 기본적인 학점을 받는 것이라 생각했고 저는 진로를 찾기 위해 그 시간을 할애하여 5가지의 대외활동을 진행했습니다. 물론 면접관님이 생각하시는 기준에 미달될 수 있으나 저는 이 경험을 토대로 많은 성장을 이뤘다고 생각합니다. 다만 입사 후에는 기본적인 업무에서 소홀하지 않도록 각별히 신경을 쓰도록 하겠습니다."

B의 대답이 끝나자 면접관 중 일부와 C가 고개를 끄덕였다. C 역시도 학점이 좋지 않았는지 B와 비슷한 질문을 받았다. C의 대답이 끝나고 B의 고개 역시 끄덕이는 모습을 보였다. B와 C가 이야기를 하는 동안 A는 정면만 쳐다보고 있었다. 남이야 어떤 질문을 받든 대답을 하든 신경 쓸 여유가 없기 때문이다. A는 자신의 면접 대답은 이미 끝났고 마지막 할 말을 무엇으로 할지 고민하고 있었기 때문에 다른 지원자가 어떤 이야기를 하는지 생각하지 않았다. 이 모습을 2명의 면접관이 집중하고 있었다. A는 마지막 할 말까지 성공적으로 답변하고 면접장을 나왔다. B와 C는 비슷한 부분에서 공통점이 있었기 때문에 나오면서 이야기를 하며 살갑게 나가고 있었다. A는 그런 모습을 그냥 지나쳤다. 어차피 합격하지 않으면 보지도 않을 사이인데 무엇을 위해 저렇게 이야기하는지 이해를 못 하겠다는 표정으로 면접장 대기실 밖으로 나가고 있었다. 이 모습을 면접 관

리자 중 한 명이 또 지켜보고 노트에 메모를 하기 시작했다.

얼마 후 A는 믿기지 않는 결과를 받았다. 분명 모든 대답과 마지막으로 할 말까지 완벽하게 대답했다고 생각했다. A는 왜 자신이 불합격하는지 이해를 하지 못했다. 같은 결과가 반복되고 면접을 더 다니며 그 이유가 무엇인지 찾기 시작했다. 그리고 자신이 무엇을 소홀하게 했는지 깨달았다. 면접장에서 다른 지원자들은 다른 사람의 이야기를 경청하고 리액션을 보였다. 그리고 뒤늦게 면접관들이 소통하는 부분을 체크하는 사실을 알았다. 둔기를 한 대 얻어맞은 듯한 A는 면접장에서 자신이 잘 하지 못했던 소통과 공감을 챙기기 시작했고 얼마 되지 않아 합격했다.

아마 대부분의 취업 준비생들이 A와 같은 실수를 하고 있을지 모른다. 물론 기업마다 해당 내용을 체크하지 않을 수 있다. 하지만 100 군데 이상의 회사에 합격하고, 면접관으로서 여러 곳의 채용을 평가하러 다녀 본 결과 해당 내용을 체크하는 기업이 훨씬 더 많다는 것을 알 수 있었다. 경청을 할 수 있다는 것은 크게 2가지 모습을 보여줄 수 있다. 평소에 '커뮤니케이션 능력'이 있는지 확인할 수 있고 현재 많은 준비가 되어 있어 여유가 있는지도 찾을 수 있다. 면접은 준비가 많이 되어 있을수록 여유로울 수밖에 없는 장소이다. 다른 지원자의 이야기를 경청하고 좋은 내용은 자신이 참고할 수도 있다. 다른 지원자의 이야기를 경청할 수 있는 여유를 지금 당장 만들자.

비언어적 요소를 활용하라

비언어적 요소를 활용하라는 부분에서는 항상 '메라비언의 법칙' 이야기가 나온다. 메라비언의 법칙에 따르면 시각적인 요소가 55%, 청각적인 요소가 38%, 컨텐츠가 7%의 비중을 차지한다고 한다. 그만큼 비언어적인 요소를 활용하면 전달력이 높아진다는 것이다. 가장 쉬운 예로 커플 이야기를 들어보자.

남자가 여자한테 잘못을 하고 있는 상황이다.
"어떻게 나한테 그렇게 할 수 있어?"
여자는 흥분이 가라앉지 않는 듯 어깨를 들썩이며 말했다.
"아.. 미안해 잘못했어"
남자는 핸드폰에 시선을 집중한 채 사과했다.
"그게 사과하는 사람의 태도야?"
"미안하다고..." 남자는 어깨를 으쓱하며 여전히 핸드폰을 쳐다보며 말했다.
"아니, 아니 적어도 사과하는 사람이라면 눈이라도 마주치며 사과해야 하는 거 아냐?" 여자는 화를 주체할 수 없다는 듯 어깨를 들썩이며 말했다.

이 상황에서 만약 남자가 여자를 쳐다보고 미안하다는 손짓과 함께 사과를 했다면 어떻게 됐을까? 여자는 화를 낼 수는 있어도 지금과 같이 크게 화를 내지는 않았을 것이다. 이야기를 할 때 이처럼 비언어적 요소를 활용하는 것은 굉장히 중요하다.

이번에는 면접에서 약간의 비언어적인 요소를 통해 전달력 있게 답변하는 방법에 대해 알아보자.

"네, 저는 그 부분에서 자신 있게 할 수 있다고 면접관님께 말씀드리겠습니다."

만약 이 부분을 정자세에서 하는 것과 한 손을 주먹 쥐고 올린 모습과 한번 비교를 해보자. 확연하게 자신감의 차이를 느낄 수 있을 것이다.

"저는 3가지를 경험을 통해 '영업력'을 획득했습니다."

해당 부분 역시 손가락 3개를 펼치며 말한다면 그 3가지가 무엇인지 면접관들은 궁금해할 가능성이 크다. 비언어적 요소를 활용하면 전달력이 높아지는 것뿐만 아니라 상대방으로 하여금 이 지원자는 '여유롭다'라는 생각을 하게 만들 수 있다.

쉽게 이해를 돕기 위해 강의를 듣는 것을 생각해보자. 유명 프로그램에 나오는 강사의 경우 움직이는 동선이 확실하고 어떤 중요한 포인트를 짚을 때 비언어적인 요소를 활용한다. 2시간 동안 강의를 진행하는데 한곳에서 서서 아무런 손짓 발짓 없이 이야기만 한다면 대부분의 사람들은 잠들거나 해당 내용을 이해하기가 쉽지 않을 것이다. 만약 강사가 돌아다니고 사람들에게 비언어적인 요소를 활용하여 손짓도 한다면 보다 집중도 되고 이해도가 높아질 수 있다. 물론 경직된 면접 장소에서 '비언어적 요소를 활용해도 될까?'라고 생각할 수 있다.

자신 있게 이야기할 수 있다. 비언어적 요소를 활용하는 것이 활용하지 않은 것보다 최소 합격률 15% 이상 높여줄 것이다. 지금 당장 자신이 자주 활용하는 단어에 대한 자신만의 '모션'을 만들어보자. 그리고 그것이 상대방에게 신뢰감을 주거나 강조하고 싶은 역량을 보여주는 데 도움이 되는지를 체크해보자.

내려간 면접관의
고개를 들게 만들어라

면접관은 채용 기간에는 하루에 수백 명의 지원자를 만난다. 문제는 수백 명의 취업 준비생들이 1분 자기소개와 자기소개서에서 이야기하는 내용이 비슷하다는 것이다. 대학 생활 동안 무엇인가 특별한 경험을 진행한 사람들이 많지는 않다. 처음 취업 전선에 나오다 보면 경험이 없기 때문에 투박하게 말하는 경우가 있다. 우리는 합격을 하기 위해 남들과는 달라야 한다. 실제로 면접장을 가면 시간은 제한되어 있고 자신의 발언권 역시 제한되어 있다. 그렇기 때문에 내려간 면접관의 얼굴을 들게 만들기 위해서는 '1분 자기소개'에 만전을 기해야 한다. 일반적으로 1분 자기소개를 해보라고 하면 다음과 같이 하는 경우가 많다.

"안녕하세요. OO 기업 OO 직군에 지원한 지원자 OO입니다. 저는 OO 대학을 졸업하여 금융업계에 관심을 갖게 되었습니다. 금융권에 지원하기 위해 저는 3가지 활동을 했습니다. 첫째, 아르바이트입니다. 카페, 영화관 등 아르바이트를 하며 고객의 접점에 있었습니다. 둘째, 금융 3종 자격증을 취득했습니다. 금융 지식을 얻기 위해 증권투자권 유대행인, 펀드투자권유대행인, 파생상품투자권유대행인을 취득했습니다. 마지막으로 금융 동아리에서 3개월 동안 활동하며 '금융 네트워킹'과 '커뮤니케이션 능력'을 챙겼습니다. 감사합니다."

블라인드 채용일 경우 자기 신상을 표현하는 부분인 처음에 2문장을 빼고 진행할 것이다. 하지만 이런 자기소개의 경우 면접관이 수백수천 번 듣는 자기소개이기 때문에 특별한 부분이 없다. 1분 자기소개서와 마지막 할 말은 유일하게 취업 준비생이 자유롭게 이야기할 수 있는 기회이다. 이 기회에 자신이 보여줄 수 있는 부분을 다 보여줘야 한다. 다른 면접 질문에서 차별화되기는 쉽지 않다. 그렇기 때문에 이 2가지 부분에서 반드시 '차별화'를 시켜야 한다.

'초두 효과'라는 것이 있다. 첫인상이 좋으면 이후 진행하는 모습들도 좋아 보이는 것이다. 처음에 확 관심을 끌어내야 한다. 이는 소제목을 작성하는 것과 비슷하다. 만약 자기소개를 이렇게 진행해보면 어떨까?

"면접관님, 모소 대나무를 아십니까? 모소 대나무는 5년간 뿌리만 내린다고 합니다. 튼튼한 뿌리를 충분히 내린 이후 5년이 지나면 매일 30cm 이상씩 자라 한 달도 되지 않아 18m에 이르는 높이까지 성장한다고 합니다. OO 기업에서 폭발적인 성장을 이루기 위해 지난 5년간 3가지 뿌리를 내렸습니다. 첫째, … 중략 "

어떤가? 모소 대나무를 활용하는 경우에는 그만큼 많은 노력을 한 사람이 활용하면 좋은 자기소개이다. 성장과 앞으로의 전망 부분을 강조하여 지원한 회사와 같이 성장하고 싶은 부분으로 어필하면 채용담당자에게 긍정적인 결과를 얻을 수 있다.

또 다른 예를 한번 살펴보자.

"면접관님 매미가 왜 우는지 알고 계십니까? 또 밤에도 우는 이유를 알고 계십니까? 매미는 짧게 7년에서 14년 동안 지하에서 생활하다 한 달 동안 번식을 위해 꾸준히 웁니다. 일반적으로 밤에는 울지 않는데 밤에 울게 된 이유는 바로 도시화에 따른 환경의 변화 때문입니다. 이처럼 최근 금융 트렌드 역시 단순히 대면 영업만이 중요한 시대에서 점차 바뀌고 있습니다. 저는 이 부분에서 강점을 갖기 위해 크게 3가지를 노력했습니다. 첫째, … 중략 "

여름에 항상 울고 있는 매미. 그 매미가 우는 이유에 대해 알고 있는 사람은 많지 않을 것이다. 일상적으로 우리가 자주 접하는 부분에서 모르는 것이 발생되면 궁금증을 유발할 수 있다. 매미의 예로 강조할 수 있는 부분은 대외적인 환경에 따라 행동이 달라질 수 있는 부분이고 그 부분에서 필요한 역량을 갖췄다는 것을 이야기하여 본인의 장점과 강점을 강조할 수 있다.

또 다른 매력적인 자기소개를 알아보자.

"면접관님, 치타가 최고 속도를 유지할 수 있는 시간을 알고 계십니까? 바로 3초입니다. 치타는 이 3초 안에 사냥감을 사냥해야 합니다. 고객의 마음을 사로잡는 시간도 3초면 충분하다고 생각합니다. 안녕하십니까. 어떤 고객이든 3초 만에 사로잡을 지원자 OOO입니다.
　… 중략"

치타는 사냥꾼으로 티비에서든 이야기로든 자주 접할 수 있는 동물이다. 치타가 빠르다는 사실은 다들 알고 있지만 최고 속도를 유지할 수 있는 시간이 짧다는 것은 대부분이 알지 못하는 사실이다. 해당 시간을 활용하여 짧은 시간에도 중요한 핵심을 사로잡을 수 있다는 부분을 강조할 수 있다. 해당 내용을 활용하면 다양한 자기소개로 소재를 활용할 수 있다.

과거 아이폰 107초 광고를 활용한 멘트도 있다.

"딱 3초. 3초 안에 여러분을 사로잡겠습니다. 음 벌써 지났네요(웃음). 면접관님 안녕하십니까? 짧은 시간 소소한 미소라도 짓게 해드리고 싶어 이렇게 말씀드려봤습니다. 이처럼 저는 입사 후 짧은 시간이라도 같이 일하는 동료를 웃게 만들 OOO입니다. 저는 … 중략"

하나의 신기한 이슈가 있으면 이를 활용하여 작업을 진행하면 된다. 중요한 것은 일반적으로 경험하지 못하는 무엇인가 신선하게 느끼게 하는 구석이 있어야 한다는 것이다. 만약 현재 우리은행 채용이라고 가정을 했을 때, 과연 몇 명의 지원자가 '치타의 최고 속도를 아십니까?'라고 면접관한테 물어봤을까? 일반적으로 시중 은행을 지원하는 사람은 약 3만 명 정도 된다. 아마 치타의 예를 활용하는 사람은 3만 명 중 5명 이내일 것이라 확신한다. 물론 면접관의 고개를 들게 만드는 부분은 꼭 1분 자기소개가 아닌 다른 부분에서도 발생될 수 있다. 모든 일에 있어 첫 단추가 중요하다. 처음에 면접관의 마음을 사로잡아라. 그것이 취업 면접에서 고득점을 받을 수 있는 효과적인 방법이다.

나의 면접 실력
기르기

    면접에서 효과적으로 이야기하기 위해서는 구조적으로 말하는 방법을 익혀야 한다. 구조적으로 이야기하는 방법에는 자기소개서 작성법에 있었던 S-A-R-R 기법을 활용하거나 3의 구조를 활용하면 된다. WWH(Why-What-How) 기법을 활용하여도 좋다. 각각의 예를 통해 알아보자.

    같은 질문을 대답하는 사례를 통해 3가지 방법이 어떻게 차이점이 있는지 한번 확인해보겠다. '금융권에 지원하게 된 계기에 대해 말해보세요'라는 질문을 받았다고 가정하자. 내용은 비슷할 수 있지만 이야기하는 방식에 따라 느낌이 다르다는 것을 확인할 수 있을 것이다. 사례를 통해 반드시 구조에 따른 전달의 차이점을 익히도록 하자.

S-A-R-R을 활용한
면접 답변하기

제가 금융권에 지원하게 된 주요 계기를 말씀드리겠습니다. 저는 부모님과 친지인들이 주식투자를 진행하며 큰 손실을 입는 상황을 어릴 때부터 5년간 지켜봤습니다. 손실이 발생할 때마다 가족들, 친지들은 다투고 서로의 탓을 하기만 했습니다. 그 상황을 지켜보던 저는 많은 불안감을 느꼈습니다.(S 상황) 그러던 중 저는 '왜 어른들은 계속 손해를 볼까?'라는 생각에 재테크에 관심이 생겼습니다. 명절에 받은 용돈과 아르바이트 등을 진행하여 모은 돈을 합해 고등학교 때부터 펀드 투자를 시작했습니다(A 행동). 물론 큰 투자 금액으로 시작한 것은 아닙니다. 초기 자본금 200만 원과 매달 10만 원의 적립식 투자를 총 2년 2개월 동안 진행했습니다.

투자 기간 동안 약 -37%까지 손실 구간에 있었던 적도 있습니다. 어차피 저는 여유자금으로 투자를 하고 있었고 '시간이 지나면 좋아지겠지'라는 생각에 투자를 지속했습니다. 추가적인 시간 투입과 조금씩 투자 원금을 늘려가다 보니 총 40%의 수익으로 투자를 성공적으로 마무리했습니다(R 결과). 저는 이를 통해 투자를 하면서 '시간 투자', '여유 자금', '오랜 기간 투자해도 되는 상품' 등 3가지 중요 투자 포인트를 깨달았습니다.(R 깨달음). 물론 첫 투자에서 성공적인 결과가 발생한 것은 초심자의 행운일지도 모릅니다. 하지만 저는 이 경험을 통해 금융권에 대한 관심이 커졌고 투자 전문가의 꿈을 키우게 됐습니다.

S-A-R-R 방식으로 이야기하는 것은 질문에 대한 답변을 먼저 하는 것이 아니다, 배경 상황을 먼저 설명하고 왜 해당 결과가 발생됐는지 구조적으로 이야기하는 방식이다. 우리는 자신의 삶이기 때문에 과거에 어떤 삶을 살아왔는지 전부 알고 있다. 하지만 면접관은 그렇지 않다. 명확한 판단을 하기 위해서는 해당 내용에 대한 배경 설명이 필요하다. 타인에게 나의 이야기를 전달할 때에는 상대방이 아무것도 알지 못한다는 생각으로 접근하면 보다 이해도를 높일 수 있다. '일반적으로 초등학생도 이해할 수 있을 정도로 이야기를 하라'라는 이야기가 그냥 나온 것이 아니다.

그렇기 때문에 해당 질문에 답변해야 하는 상황에 대해 먼저 기술한다. 그 이후 어떤 상황에 직면했기 때문에 그 상황에서 어떤 행동을 했는지 이야기해야 한다. 행동은 한 가지일 수 있고 여러가지일 수도 있다. 시간에 따라 3가지 정도로 구성하는 것이 좋다. 행동을 하면 그 행동에 대한 결과가 나온다. 물론 처음부터 좋은 결과가 도출이 되면 베스트이지만 살면서 그렇게 될 확률은 크게 낮다. 그렇기 때문에 하나의 결과에 따른 깨달음을 통해 추가적인 행동을 한다. 그리고 그 결과를 통해 추가적으로 보완하는 과정을 보여주는 것이 좋다.

첫 시도에 따른 결과가 좋았다면 해당 내용을 통해 얻은 깨달음으로 다음 행동이 결정되어야 한다. 만약 결과가 좋지 않으면 '해당 결과가 좋지 않았던 이유에 대해 설명하고 이를 해소하기 위해 어떤 행동을 했는지'에 대해서 다시 한 번 파악해야 한다. 결과를 통해 얻은 깨달음을 활용하여 그 결과를 발전시키는 부분으로 풀어서 설명하는 것이 S-A-R-R을 활용하여 말하는 이유다. 해당 작성 방식은 향후 성장성 및 목표 지향적인 성향을 어필하는데 큰 도움이 된다.

3의 구조를 활용한 면접 답변하기

제가 금융권에 지원하게 된 계기는 크게 3가지입니다.

첫째, 부모님과 친지들은 주식투자를 하며 큰 손실을 봤습니다. 이에 재테크에 관심이 생겼고 고등학교 시절부터 금융 관련 공부를 시작했습니다. 처음에는 금융 서적으로 공부했습니다. 이론 공부를 진행한 이후 펀드 투자를 진행했습니다. 투자 기간 동안 손실 구간에 있었지만 결과적으로 약 2년 2개월 동안의 투자 끝에 총 40%의 수익을 거둘 수 있었습니다.

둘째, 금융 관련 공부를 하는데 흥미를 느꼈습니다. 금융권에서는 하나의 사회적 이슈가 발생되면 그 내용이 바로 수익과 연관되는 흐름으로 나타났습니다. 이에 어떤 정보를 접했을 때 경제적으로 어떤 영향을 미칠지 생각해보는 것이 흥미로웠습니다.

마지막으로 금융권은 신뢰를 바탕으로 하는 업종입니다. 저는 무슨 일을 하든지 꾸준히 하는 버릇이 있습니다. 그렇기 때문에 주변 지인들은 '신뢰감' 있다고 많이 칭찬해 줬습니다. 이 3가지를 계기로 금융권에 지원하게 됐습니다.

일반적으로 3의 구조는 '3의 법칙'이라고도 불린다. 대답을 할 때 3가지 근거를 제시하면 상대방이 보다 안정성 있게 느끼는 기법이다. 3의 법칙은 하버드 대학교 심리학과 스탠리 밀그램 교수가 사회심리학 연구를 통해 동조현상을 설명하게 되면서 유명해진 법칙이다. 우리는 3의 법칙에 생각보다 굉장히 익숙해져 있다.

예를 들면 '서론, 본론, 결론' 또는 '아침, 점심, 저녁' 또는 '하늘, 땅, 사람' 등이 있다. 심지어 가위바위보를 할 때도 삼세판이라는 이야기를 한다. 3의 법칙과 관련돼서 유명한 사례들이 많다. 그중 가장 유명한 '지하철' 이야기에 대해 알아보자.

지하철에서 노인이 지하철 플랫폼 사이에 끼는 사건이 발생했다. 많은 사람들이 해당 사건을 신고하고 지켜보기만 하고 있었다. 그때 한 사람이 나가며 이야기했다.

"빨리 저 노인을 구합시다."
한 사람이 움직일 땐 아무도 움직이지 않았다.

얼마 지나지 않아 또 다른 사람이 뛰어가며 말했다.
"보지만 말고 여러분도 조금 도와주세요."

사람들은 걱정하는 마음은 같았지만 크게 움직임을 보이는 사람들은 없었다. 마지막으로 다른 남자가 뛰어가며 말했다.

"노인이 점점 힘들어하고 있는 것 같아요. 빨리 도와주세요."

그 이야기가 끝나자마자 사람들은 달려들어 지하철을 밀기 시작했다. 그리고 얼마 지나지 않아 33톤의 전동차를 들어 올려 노인을 구할 수 있었다. 이처럼 3이라는 숫자가 만들어지면 큰 힘을 발휘한다는 것이 3의 법칙이다.

면접에서도 마찬가지다. 어떤 질문에 대답할 때 3가지로 근거를 제시하면 준비를 많이 한 것처럼 느낄 가능성이 크다. 사실상 어떤 이유든지 스스로에게 한번 물어보자. 한 가지 혹은 두 가지 답변의 경우 빠르게 나온다. 하지만 3개가 동시에 잘 나오지는 않는다. 만약 연습을 통해 3가지 이유를 논리적으로 빠르게 나올 수 있게 연습한다면 면접에서 좋은 평가를 받을 수 있다.

WWH를 활용한 면접 답변하기

(Why - What - How)

금융권에 입사하고 싶은 이유는 저만의 재테크 철학을 만들기 위함입니다. 저희 부모님과 친척은 금융 투자에 실패해 5억 원 이상의 손해를 입었습니다. 아무 지식 없이 투자하시는 부모님을 말리기 위해 처음에

는 금융 공부를 시작했습니다.(Why)

제가 금융권에서 이루고 싶은 것은 '고객'에게 '만족'을 주는 것입니다.(What) 친지인들의 경우 투자에 실패하여 해당 상품에 대해 만족하지 못했습니다. 이를 만족시키기 위해 차별화된 포트폴리오를 제공하겠습니다. 저는 최근 5년간 재테크를 진행하며 수많은 포트폴리오를 갖고 있고 매매일지를 갖고 있습니다. 이를 활용하여 가장 안정적이고 15% 이상의 수익을 거둘 수 있는 포트폴리오를 갖고 있습니다. 저는 고객이 원하는 '목표'를 이뤄내 고객의 만족을 끌어내고 OO 회사의 충성고객으로 만들겠습니다.

더불어 최근의 금융 흐름은 대외 변수에 따라 크게 시장이 흔들리고 있습니다. 이에 경제 동향을 파악하여 이슈에 따른 리스크가 최소화된 부분으로 상품을 구성하여 추천하겠습니다. 저는 고객이 원하는 수익을 창출하여 OO 기업하면 'OOO 이지'라고 할 수 있는 전문 금융인이 되겠습니다.

WWH 기법의 경우 면접뿐만 아니라 기획서 등 다양한 부분에서 활용할 수 있다. 어떤 행동을 왜 해야 하는지에 대해서 먼저 설명한다. 배경을 설명한 이후 그 행동을 위해 '무엇'을 진행해야 하는지 그리고 '어떤 방법'을 활용하여 그것을 이뤄낼 것인지에 대해 말하는 방법이다. 이 방식도 논리적인 전달을 할 수 있고 행동에 대한 명확한 이유와 목표가 있기 때문에 '목표 지향적'인 사람이라는 것도 어필할 수 있다.

모의 면접 스크립트 작성하기

면접은 결국 일정한 범위 내의 질문들을 얼마나 적절하게 대답하는지 확인하는 프로세스이다. 예상 질문에 대한 명확한 답변을 모의 면접 스크립트를 미리 준비함으로써 대비할 수 있다. 모의 면접 스크립트란 일종의 면접의 '모범 답안지'라고 보면 된다.

면접관이 지원자에게 물어볼 수 있는 내용은 크게 3가지 범주로 나뉜다. 첫째, 회사에 관한 내용이다. 아마 첫 번째 부분이 가장 지원자에게는 어려울 것인데 회사에 관한 내용도 일정한 범위 내에 있다. 예를 들면, 회사의 인재상, 회사의 목표 및 비전, 직무, 회사가 진행하고 있는 주요 프로젝트, 회사에서 필요로 하는 역량, 최근 회사와 관련된 주요 뉴스 등이다. 관련된 내용에 대해 조사하고 정리를 해두면 명확하게 답변할 수 있는 내용들이다. 예를 들어 보자.

만약 우리은행에 입사한다고 가정해보자.

[회사의 인재상]

– 고객행복 + 미래도전 + 정직신뢰 + 인재제일

– 최고의 금융전문가를 만들기 위한 3가지 인사원칙과

6가지 인사제도 보유

[회사의 목표 및 비전]

– 비전 : 우리나라 1등 은행

– 은행 업계 최고의 금융역량 확보

– 개인 비전 : Top in Pride

성장기회 부여 (교육훈련 제공, 업무를 통한 학습)

성장 (개인의 성장, 은행의 성장, 고객의 성장)

행복 (나의 행복, 가정의 행복)

[직무]

– 영업본부(개인, 부동산, WM, 기업, 중소기업, 기관, 글로벌,

외환, IB)

– 영업점

– 기업영업 부분

– 준법감시인

[회사가 진행하고 있는 주요 프로젝트]

- 퇴직연금 체계 손질 '비이자 부문 경쟁력 강화'

- 자산관리 부문 역량 집중, 수익 증권 등 성과 두드러져

- 기업 투자금융(CIB) 및 파생상품 분야

[회사에서 필요로 하는 역량]

- 영업력

- 신뢰성

- 마케팅

[최근 회사와 관련된 주요 뉴스]

- 2019.02.11. 실적 향상에 대한 기사

- 2019.02.14. 기업 대출 부문 건전성 확보

- 2019.02.18. 캄보디아 가족 초청 문화행사 개최

둘째, 1분 자기소개 및 기본적인 인성에 관한 내용이다. 1분 자기소개 부분에서도 이야기했지만 결국 1분 자기소개 안에 자신의 핵심 장점 및 업무적 강점에 대한 이야기를 해야 한다. 4-4장에서도 이야기했지만 결국 면접관의 관심을 끌 수 있는 부분이기 때문에 해당 내용 안에서 질문이 나오게 스크립트를 작성해야 한다. 예를 들어보자.

"면접관님들. 카라비너를 아시나요? *카라비너*는 등반할 때 가장 많이 사용하고 널리 알려진 필수 장비입니다.

면접관 질문 예측 부분 : 왜 다른 물품도 많은데 카라비너로 한 이유는?

답변 | 카라비너는 등반할 때 생명을 책임지는 물품입니다. 기업에게 있어 고객은 생명과 같다고 생각합니다. 기업에서 고객이 없다는 것은 결국 기업이 생존할 이유가 없어지는 것이기 때문입니다. 고객의 중요성을 강조하고 고객에게 신뢰를 끌어낼 역량이 있다고 생각하여 카라비너로 선택했습니다.

암벽가들의 안전을 책임지는 카라비너처럼 회사와 고객의 신뢰를 책임질 지원자 OOO입니다.

저는 크게 3가지 역량을 활용해 고객의 만족을 책임지겠습니다.

첫째, 소통 능력입니다. 저는 5년간 약 7천 시간의 아르바이트를 진행하며 수많은 고객을 응대한 경험이 있습니다. 총 *3번의 CS 친절상을 받을 만큼 고객과의 소통을 잘 이뤄내고 있습니다.* 해당 경험을 활용하여 OO 회사에 찾아오는 고객과 진정한 교감을 이뤄내겠습니다.

면접관 질문 예측 부분 : 5년간 약 7천 시간의 아르바이트를 통해 느낀 것은? 어떤 행동을 했기에 3번의 친절상을 받을 수 있었는지?

답변 | 결국 고객이 필요로 하는 것이 무엇이고 그것을 먼저 해결해주는 것이 중요하다는 것을 느꼈습니다. 물론 대단한 서비스를 제공하는 것도 고객의 마음을 사로잡을 수 있는 하나의 방법입니다. 다만 바로 '충성고객'으로 바뀌지 않습니다. 사소한 것에서 고객이 실망하면 바로 '고객의 이탈'로 이어지는 경우가 많이 있습니다. 사소한 것에 감동받는 고객은 자주 찾고 충성 고객이 됩니다. 이에 가장 기본적인 것부터 고객이 원하는 것을 먼저 제공하는 것이 진정한 서비스라고 개인적으로 생각하고 있습니다.

답변 | 우선 고객이 불만을 표시할 때 고객과의 교감을 진행하기 위해 끝까지 경청했습니다. 고객의 이야기가 다 끝난 이후 고객의 불만을 해소할 수 있는 방법을 찾아 빠르게 제시하고 그에 대한 적절한 보상을 제공했습니다. 물론 자신의 역량 밖에 있는 부분은 빠르게 매니저에게 문의하여 고객에게 문제 해결을 위해 최대한 노력하고 있다는 것을 보여줬습니다. 그 결과 고객이 홈페이지에 관련 내용을 홍보해줘 친절상을 받을 수 있었습니다.

둘째, 전문성입니다. 저는 해당 직무에서 근무하기 위해 *2번의 인턴 경험과 7개의 관련 자격증을 취득했습니다.* 실무와 이론의 직간접적인 경험들을 통해 빠르게 OO 인으로 성장하겠습니다.

면접관 질문 예측 부분 : 어떤 회사에서 인턴 근무를 하며 직간접적인 실무를 경험했는지? 무슨 자격증을 취득했는지? 그리고 그 이유는?

답변 | 농협과 서비스 연구소에서 근무했습니다. 농협에서 일반 지점에서 기본 업무인 여수신에 대한 업무를 체험했습니다. 특히 수신의 경우 통장 개설 등에 대한 업무를 실질적으로 경험했습니다. 또한 ATM 관리, 서류 작성 및 점검 등 전사적인 은행 업무의 흐름을 파악했습니다. 서비스 회사에서는 서비스 매뉴얼 작성 등 고객 만족을 위한 프로세스를 관리했습니다. 구체적으로 백석대학교 및 SPC 그룹의 서비스 교재를 제작하며 이론적인 서비스 능력을 익혔습니다. 올리브 영, 국민은행, 우리은행 등 다양한 기업에서 미스터리 쇼퍼로 서비스 점검을 진행했고 서비스 전문가로부터 모니터링 작성 방법 및 서비스 실무에 대해 교육받았습니다.

답변 | 네. 저는 총 10개의 자격증을 갖고 있습니다. 컴플라이언스, 자산관리사 등 법과 영업에 관련된 자격증을 취득했습니다. 금융 자격증을 취득한 이유는 고객에게 전문성 있는 모습을 보이기 위해서는 알고 있는 금융 지식이 많아야 한다고 생각했습니다. 상품에 대한 공부는 입사 후 진행할 것이기 때문에 자격증을 통해 기본적인 금융의 용어와 흐름에 대해 공부했습니다. 특히 금융권의 경우 신의성실이 중요하기 때문에 컴플라이언스 부분을 집중적으로 공부를 진행했습니다.

마지막으로 문제해결 능력입니다. 과거 OO 회사가 고객의 신뢰를 잃어 큰 위기에 처한 적이 있습니다. 이때 *소책자 제작을 통해 고객들의 신뢰를 끌어낼 수 있는* 내용을 작성했고 이에 따라 고객의 신뢰를 회복해 매출을 올린 경험이 있습니다.

이런 노하우를 활용하여 OO 기업에도 긍정적인 결과를 끌어내겠습니다. 감사합니다"

면접관 질문 예측 부분 : 왜 소책자를 제작하려고 했는지?

소책자는 어떻게 만들었고 비용은 얼마나 들었는지?

고객에게 어떤 반응을 받았고 향후 매출의 변동은?

답변 | 기업이 상품을 제작하는 것은 결국 고객에게 도움이 되기 위함입니다. 물론 그를 통한 회사의 수익이 발생되는 구조이지만 회사가 제공한 제품에 대한 신뢰도를 회복하기 위해 상품에 대한 보다 자세한 설명이 필요하다고 생각했습니다. 이에 '소책자를 제작하여 배포하면 어떨까?'라고 생각했습니다.

답변 | 소책자의 경우 PPT를 활용하여 잡지 형식으로 제작하였습니다. pdf로 파일을 출력하여 소책자용으로 제작했습니다. PPT로 제작할 경우 인디자인 등 전문 프로그램을 활용하는 것과 비교하여 디자인 부분

에서는 비슷하게 흉내 낼 수 있지만 화질 부분에서 떨어지는 단점이 있습니다. 이에 전문 잡지&책 제작 기술인 어도비 인디자인을 활용하는 기술을 익혔습니다.

답변 | 소책자와 정성 어린 설명을 들은 고객은 '한번 믿어보겠다'고 답했습니다. 이후 소책자에서 말한 수익이 발생되기까지 필요한 시점까지 고객들은 차분히 기다려줬습니다. 그 결과 회사에서는 목표한 대로 수익을 이뤘고 이에 고객 역시 만족하는 결과가 나타났습니다. 이후 15%의 매출 향상과 고객의 수도 10%가량 늘어났습니다.

마지막으로, 자기소개서에서 제출한 내용이다. 자기소개서에는 회사에서 필요로 하는 역량, 경험에 대한 내용을 작성하게 구성되어 있다. 따라서 본인이 작성한 자기소개서에서 위의 내용처럼 질문이 나올법한 부분에 대해 모의 질문을 구성하고 이에 대한 대답을 진행하면 좋다. 자기소개서에 대한 부분은 'WWH'기법을 활용하여 대답하는 것이 가장 효율적이다.

Self 영상 촬영하기

면접을 진행하기 전에 반드시 준비해야 하는 것은 Self 모의면접이다. 물론 셀프 모의면접의 경우 영상으로 준비해야 한다. 영상 작업이기 때문에 장비도 필요하고 녹화를 진행해줄 사람도 필요하다. 하지만 이 부분은 가족이나 친지인들 혹은 스터디 멤버가 도와주면 쉽게 해결할 수 있다. 처음 영상 촬영을 진행하고 자기 진단을 하면 부끄럽기도 하고 어색할 수 있다. 처음 자기 자신이 이야기하는 모습을 보면 목소리도 이상하고 '왜 저렇게 했지?'라는 생각을 갖는다. 하지만 영상을 보며 연습을 하는 것만큼 빠르게 면접 실력이 늘어나는 것은 없다고 봐도 무방하다.

Self 모의면접을 통해 얻을 수 있는 것은 크게 3가지다. 첫째, 이상한 습관을 찾을 수 있다. 사람마다 자신이 갖고 있는 습성이 있다. 예를 들어, 일상적으로 말을 할 때 한마디가 끝나고 '어~'라고 하면서 말하는 사람이 있고 '음~'이라고 말하는 사람이 있다. 특이한 손동작을 하는 사람이 있는 반면 눈의 시선이 좌측 상단 혹은 우측 상단으로 옮기며 이야기하는 사람도 있다. 이처럼 자신이 갖고 있는 특이한 버릇을 찾아내 고칠 수 있다.

둘째, 제스처 등 비언어적인 요소를 확인할 수 있다. 평소 자신이 말하는 모습을 볼 수 없기 때문에 면접에 대한 연습을 할 때 눈빛이 흐리

멍덩한지, 호흡은 가쁘지 않는지, 말하는 속도는 적절한지에 대해 확인할 수 있다. 평소에 우리가 생각하던 이미지와 실제로 말하는 이미지에는 큰 오차가 있을 수 있으니 그 부분을 명확하게 인지하고 수정해 나가면 된다. 비언어적인 요소를 확인하여 자신감 있고 프로페셔널한 이미지를 구성할 수 있다.

마지막으로 자신이 말한 내용이 논리적인지에 대해 확인할 수 있다. 물론 면접 스크립트를 작성하고 이야기하기 때문에 전반적인 흐름이 나쁘지는 않을 것이다. 다만 면접 장소는 해당 스크립트를 보면서 이야기할 수 있는 곳이 아니다. 그렇기 때문에 수많은 연습을 통해 당황하거나 분위기에 긴장이 되더라도 바로바로 이야기가 나올 수 있게 미리 연습해야 한다. 또 글로 쓴 것을 말로 이야기하는 것을 연습하다 보면 자신이 생각한 것과 다르게 매끄럽게 입에서 말이 나오지 않는다. 따라서 Self 영상 촬영을 통해 반드시 해당 내용을 준비해야 한다.

Self 모의 촬영 방법

지금은 1인 미디어 시대이기 때문에 캠코더는 일반적으로 집에 하나씩은 있다. 만약 없다면 휴대폰 삼각대를 하나 주문하자. 만약 가족 및 지인들이 지속적으로 도와줄 수 있다면 구매하지 않아도 무방하다. 사실 금액을 지불하지 않고 연습할 수 있는 것이 가장 베스트다. 카메라가 준비되어 있다면 식탁 의자를 거실 중앙에 놓고 소파 혹은 거실 벽한 부분에 40대 중후반 남성(여성) 얼굴 사진을 3~5장 출력해서 붙인다. 보통 多대多 면접일 때 가장 많이 활용되는 면접관 수는 3명 혹은 5명이기 때문이다.

앞서 예상 질문을 뽑아둔 부분이 있을 것이다. 그 부분을 40대 중후반의 남성 혹은 여성에게 부탁하여 녹음을 부탁한다. 일반적으로 학교 교수님이나 자주 가는 편의점 아저씨 등 주변 사람에게 부탁하는 것이 좋다. 경찰서나 동사무소에 가서 도움을 요청하는 것도 하나의 방법이다. 물론 친구들의 목소리로 녹음을 해도 무방하나 실제로 면접장의 느낌을 받기 위해서는 최대한 유사한 분위기를 만들 필요가 있다.

분위기를 만든 이후 우선 자신의 모의 답변을 스스로 녹음해서 어느 정도 시간이 걸리는지 체크한다. 그리고 그 시간만큼 질문의 공백을 두고 다음 질문을 또 녹화한다.

이 과정에서는 크게 3가지 부분으로 나눠 체크해야 한다.

1번 파트

자리에 앉고 인사하는 부분을 체크한다.

2번 파트

예상 질문과 그에 대한 답변에 대해 체크한다. 이때 발성, 발음, 호흡, 눈빛, 시선 등 비언어적인 요소를 체크한다.

3번 파트

상대방이 대답할 때 경청하는 모습에 대해 체크한다. 이때 고개를 끄덕이는지, 살짝 고개를 틀어 상대방이 있는 곳을 바라보는지 등을 체크하면 된다.

한번 촬영할 때마다 최소 10번 이상 체크하고 수정 보완을 해야 한다. 면접 전 최소 5번 이상의 모의면접을 진행한다면 자세 등 다양한 부분이 개선될 수 있다. 해당 영상을 촬영한 이후 대학교 취업지원센터 혹은 교수님에게 평가를 받아 최종적인 평가를 받는 것이 중요하다.

부록

은행 모니터링
작성 방법

경쟁자보다 플러스 알파를 제공하라

2-3장에서 이야기했던 은행 모니터링 보고서는 인사담당자에게 제출하여 좋은 포트폴리오로 활용할 수 있다. 일반적으로 지원서를 낼 때 온라인으로만 진행하는 경우가 많다. 하지만 온라인에 작성할 수 있는 부분은 한정적이다. 자유양식 이력서, 자신이 진행했던 다양한 경험들을 포트폴리오로 제작하여 인사담당자에게 전달하면 보다 좋은 결과를 얻을 수 있다.

물론 채용 담당자도 바쁘기 때문에 포트폴리오를 확인할 수 없을 수 있다. 해당 포트폴리오가 해당 기업에서는 크게 평가하지 않아 결과에 도움이 되지 않을 수도 있다. 다만, 자신의 노력들을 정리하면 자기소개서를 작성할 때도 면접에서 자신의 이야기를 진행할 때도 큰 도움이 된다.

즉 각종 포트폴리오는 처음 회사에 지원서를 낼 때 활용할 수도 있지만 1차 면접이나 2차 임원 면접에서도 활용이 가능하다. 실제로 필자가 자기소개서를 제출할 때나 임원 면접에서 자유 양식 이력서, 은행 모니터링, 리서치 보고서 등 포트폴리오를 제출하고 우수 합격을 받은 사례가 있다.

모니터링 포트폴리오의 경우 찾아간 지점이 많으면 많을수록 그 지점별 차이점을 명확하게 구분할 수 있게 되고, 그에 따라 느껴지는 것이 많다. 모니터링을 하는 이유는 실제로 그 영업점을 방문하여 서비스 실태를 확인하고 어떤 서비스를 더 제공하거나 고객이 불만을 표현하는 부분을 채워 실적을 극대화할지에 대해 고민을 하기 위해서다. 그리고 그 부분을 개선한 업무 매뉴얼을 만들고 그에 대한 내용으로 제언 사항을 작성하면 좋다. 아래의 사례를 확인해보자.

사례) 국민은행 서비스 모니터링

1. 실시개요

1) 목적
◆ 고객 응대 서비스 품질의 중요성을 인식하고
　 서비스 능력 향상을 위한 실행 방안을 마련
◆ 서비스 응대 직원의 서비스 수준을 파악, 평가하고
　 서비스의 강점과 보완점을 파악하여 개선

2) 개요
◆ 실시 기간 : 2014년 7월 10일 (1일간)
◆ 실시 대상 : 청원경찰 및 창구 서비스 담당자
◆ 진단 방법 : 대상 점포에 대해 관찰을 통해
　　　　　　　서비스 수준을 평가하고 개선점 파악

일 시	2014. 7. 10. 11:00~11:20	작 성 자	하 창 완
방문장소	서울 역삼동 스타타워 빌딩점 국민은행		

은행 모니터링

프로세스	Comment
휴먼웨어	청원경찰로의 적극적인 고객응대와 인사로 점포에 들어오자마자 대우 받는다는 느낌을 주었음. 상담원이 표정과 적절한 손동작을 하여 다양한 업무를 적극적이고 친절하게 제공함. 또 중간확인을 자주하여 고객이 제대로 이해하고 있는지 확인하여 고객 만족의 토대를 마련함. − **시선처리** : 전문가적인 시선처리와 대화를 통해 고객이 응대에 대한 신뢰감을 가짐. − **인사** : 청원경찰이 적극적인 인사를 하여 고객이 기분 좋게 업무를 시작함. 또한 필요한 용무에 대해 적극적으로 물어봄으로써 고객의 요구를 수용하려는 의지를 보임. − **표정** : 상담원이 밝은 표정과 웃음을 갖고 이야기함으로써 고객이 편안하고 적극적으로 업무에 대한 문의를 할 수 있음. − **동작** : 고객에게 어떤 응대를 할 때 좋은 액션들을 보여줌. 바디랭기지를 적절히 사용함으로써 대화의 집중을 잘 유도함. − **대화법** : 고객이 무엇을 필요로 하는지 이해할 수 있게 하나하나 차근차근 이야기를 해줌. 또한 중복 확인을 통해 고객의 이해도 확인과 고객이 이해하지 못한 부분을 설명함으로써 고객이 필요한 서비스를 적절하게 제공함.

프로세스	Comment
소프트웨어	본 점포의 프로세스는 다음과 같다. – 전화 문의, 사전 문의 – 인사 : 방문목적 확인 – 청원경찰로부터의 방문목적 확인 **Bottle neck 1** (빈번도↑, 중요도↓) – 번호표 – 대기 – 호명 – 상품설명 및 상담 – 고객 이해도 확인 및 중간확인 **Bottle neck 2** (빈번도↓, 중요도↑) – 대안 제시 **Bottle neck 3** (빈번도↓, 중요도↑) – 동의 후 거래 및 마무리 – 설문서비스 및 만족도 확인 – 배웅 이들 프로세스 중 병목현상은 다음 3가지로 나타난다. **Bottle neck 1** : 고객이 늘어남에 따라 가장 많이 생기는 병목 현상이지만, 업무의 중요도 관련성은 떨어지는 편임. **Bottle neck 2** : ①제1의 병목현상으로 인해 생기게 됨. ②초기 니즈 파악의 실패로 그에 따른 반복적인 설명을 함으로써 병목현상이 발생함. **Bottle neck 3** : 제 2의 병목현상과 함께 대안제시와 동의를 받기까지의 설명 및 확인작업의 반복으로 인해 병목현상 발생함.

소프트웨어	**서비스 프로세스는 가시선 이외의 것은 표면상으로는 파악하기가 한계가 존재함.** - Before Service : 전화 문의, 사전문의 - On Service(MOT) : 인사, 청원경찰로부터의 상담, 번호표, 대기, 호명, 상품설명 및 상담, 고객 이해도 확인 및 중간확인, 대안 제시, 동의 후 거래 및 마무리 확인. After Service : 설문 서비스 및 만족도 확인
하드웨어	오픈형 구조여서 직원들이 업무에 집중할 수 있는 환경이고 고객의 동선을 최소화하여 효율성을 극대화함. 대기시설과 고객이 정보를 얻을 수 있는 자료에 대한 신경을 많이 써 고객이 이미 점포에 들어오는 순간부터 서비스를 받고 있다는 느낌을 제공함. – **구조** : 전반적으로 오픈형 구조식으로 되어 있어, 은행 안의 전체적인 업무의 흐름이나 대기시간 등을 파악하기 용이함, 또한 모든 업무 흐름이 보이기 때문에 상담원들이 더욱 업무에 집중해야 하는 분위기가 생성됨. – **서비스 상품** : 팜플렛이 4가지로 잘 구성되어 고객이 상품에 대한 이해도를 넓힐 수 있음, 팜플렛의 구성요소로는 보험, 증권, 카드, 펀드로 잘 나누어져 있어 그객이 사전지식에 대한 접근성이 극대화 됨. – **Layout** : 입구에 바로 번호표와 청원경찰의 자리가 위치하고, 우측에 바로 대기창구와 대기시설이 있어 업무를 보러 온 고객의 동선을 최소화 하였음.

하드웨어	– 대기시설 : 대기시설은 티비를 볼 수 있는 곳과 잡지를 볼 수 있는 곳 그리고 컴퓨터를 사용할 수 있는 3가지로 나누어져 있고 그객들이 대기시간에 지루해 하지 않게 하기 위해 많은 노력을 함. 이런 3가지 대기 시설을 보며 고객이 이미 점포에 들어오는 순간부터 서비스 받고 있다는 느낌을 받을 수 있음.

□ 국민 은행　　　　　　관찰일시 : 2014.7.10. 11:00~11:17　　　　　　관찰자: 하 창 완

구 분	Check Point	평 가					점 수	Comment
		5	4	3	2	1		
표 정 음 성	대화 중 눈맞춤을 한다		○				17	[입구]청원경찰 ■'어서오십시오'라고 정중하게 인사함 ■고객의 말을 끊지않고 경청함 ■고객의 업무에 대해 본인이 먼저 알아보고 응대함 ■업무를 하기 위한 절차를 설명한뒤 대기시설로 안내함
	응대 시 온화한 느낌을 준다		○					
	평소 표정이 부드럽다		○					
	음성이 따듯하고 성의가 있다	○						
고 객 응 대	상황에 맞는 인사를 한다		○				19	
	근무 시 자세가 바르다		○					
	고객응대 동작이 정중하다		○					
	보행예절을 지킨다			○				[창구] 상담사 ■복장 : 갈색 유니폼이 많이 구겨짐 ■헤어 : 머리를 더 단정하게 묶는게 깔끔함 ■적극적 경청을 위해 노력함
	고객 눈높이에 맞추어 응대한다		○					
용 모 복 장	Hair-do 가 단정하다			○			10	
	화장(면도)상태가 깔끔하다			○				
	근무복이 청결하다		○					
대 화 능 력	질문에 대한 반응이 빠르다		○				25	직원(밝은 미소를 지으며 고개를 조금 끄덕이며) 그런 부분이 해결이 안되셨군요? 이런 방향으로 해결해 나가면 됩니다. 고객님 ■고객이 말을 어눌하게 해도 정중하게 되묻고 확인 후 업무를 하려고 함 ■질문에 대한 빠른 대답을 통해 신뢰성이 증가함
	진료절차에 대한 정보를 제공한다		○					
	말끝이 공손하고, 정중한 말을 사용한다	○						
	분명하고 알아듣기 쉽게 설명한다	○						
	적극적으로 경청한다		○					
	물건을 주고 받을 때 대화한다			○				
전 화	신속하게 받으며 첫 응대가 성의 있다		○				8	
	전화 기본 예절을 지킨다		○					
총 점							79	

2. 모니터링 결과(총평)

1) 직원별 응대 수준은 우수하나 용모복장이 단정하지 않아 개선해야함

: 대부분의 항목에서 서비스 응대 수준에 있어서 좋은 점수를 얻었지만 정형화된 유니폼을 입었음에도 불구하고 단정하다는 못하다는 느낌이 발생함. 직원들의 용모복장을 단정하게 하여 서비스 응대에 대한 고객만족을 상승시켜야 함. 하지만 서비스에 대한 적극성과 열정적인 응대하는 자세는 인상적임.

.

2) 기계적으로 응대하는 느낌

: 정중하고 빠른 응대에는 높은 점수를 받았지만, 물건을 주고 받을 때의 행동이 기계적이고 무성의한 느낌을 받음.
특히 돈을 주고 받을 때 고객과 직접 주고 받는 것이 아니고 책상에 툭툭 두는 행동으로 고객의 서비스에 대한 체감 만족도가 낮아짐.

3) 끝 마무리에 대한 개선

: 마무리의 응대 모습이 처음의 것과 달라 서비스의 이질성이 발생함. 처음과 끝이 다르면 고객의 입장에서 만족도가 낮을 수 있음.

3. 개선 제언

1) 정기적인 용모복장 관리
: 정기적인 용모복장 확인을 통해, 조금 더 깔끔한 모습으로 고객을 맞이하면 오픈형 구조와 맞물려 고객에게 서비스에 대한 전반적인 만족도를 높일 수 있음.

2) 정성스럽게 물건 주고받기
: 고객에게 돈, 통장, 카드 등을 주고 받을 때 직접 주고 받고 바닥에 두는 행동 등을 하지 않아 고객의 물건을 소중하게 다루고 있다는 느낌을 전달함. 이는 고객의 체감 만족도의 향상으로 이어질 수 있음.

3) 끝 마무리에 대한 개선
: 초두 효과뿐만이 아니라 잔류효과에 대해서도 고려를 하여 고객에게 조금 더 인상적으로 점포에 대한 기억을 만들 수 있음. 첫 고객 응대 뿐만 아니라 고객이 점포를 나가는 순간까지 최선을 다해서 고객에 대해 응대하는 연습을 해야함. 예를 들면 고객이 들어 올 때 문을 열어주는 서비스를 제공하였다면, 나갈 때 역시 문을 열어주는 서비스를 제공하여 나가는 그 순간까지 고객이 서비스를 받고 있다는 느낌을 주면 다시 방문하고 싶은 점포로 인식될 수 있음.

MEMO

MEMO

나는 이렇게 금융권 취업했다

초판 1쇄 펴냄 | 2019년 5월 15일

지은이 | 하창완
펴낸이 | 김승겸
펴낸곳 | 아이스토리(ISTORY)
출판등록 | 2015년 2월 5일 제307-2016-35호
주소 | 서울특별시 성북구 북악산로5길 31(정릉동)
전화 | 070-8875-1033
팩스 | 070-8818-1033
E-mail | istorybooks@naver.com
ISBN | 979-11-88227-13-6 (13320)

책 값은 뒤표지에 있습니다.
잘못된 책은 구입하신 서점에서 바꿔드립니다.